Immobilienaktien und REITs

Investmentchancen für Anleger

von

Dr. Dr. Gerald Pilz

Oldenbourg Verlag München Wien

Bibliografische Information der Deutschen Nationalbibliothek

Die Deutsche Nationalbibliothek verzeichnet diese Publikation in der Deutschen
Nationalbibliografie; detaillierte bibliografische Daten sind im Internet über
<http://dnb.d-nb.de> abrufbar.

© 2007 Oldenbourg Wissenschaftsverlag GmbH
Rosenheimer Straße 145, D-81671 München
Telefon: (089) 45051-0
oldenbourg.de

Lektorat: Wirtschafts- und Sozialwissenschaften, wiso@oldenbourg.de
Herstellung: Anna Grosser
Coverentwurf: Kochan & Partner, München
Cover-Illustration: Hyde & Hyde, München
Gedruckt auf säure- und chlorfreiem Papier
Druck: Grafik + Druck, München
Bindung: Thomas Buchbinderei GmbH, Augsburg

ISBN 978-3-486-58239-0

Vorwort

Immobilien genießen bei Anlegern eine besonders hohe Wertschätzung; denn Immobilien sind ein guter Schutz gegen Inflation und zeichnen sich durch Wertbeständigkeit und Sicherheit aus.

Mit der Einführung von REITs (Real Estate Investment Trusts) im Januar 2007 begann in Deutschland ein neues Kapitel in der Geschichte der Immobilienwirtschaft. REITs sind börsennotierte Immobiliengesellschaften mit steuerlichen Vorteilen, die 90 Prozent aller Gewinne an die Aktionäre ausschütten müssen. In den USA gibt es diese Form der Immobiliengesellschaft bereits seit vielen Jahrzehnten. Aufgrund der hohen Dividenden und der lukrativen Rendite, die weit über der von zehnjährigen Anleihen liegt, haben schon etliche Länder diese Rechtsform eingeführt – darunter Frankreich, Belgien, Bulgarien, Malaysia, Hongkong, Südkorea und Singapur.

Das Buch stellt die in Deutschland börsennotierten Immobiliengesellschaften in Einzelporträts ausführlich vor. Einen zweiten Themenschwerpunkt bilden die REITs; es werden deren Rechtsformen und Strukturen in verschiedenen Ländern erläutert.

In einigen Märkten ließen sich in den letzten Jahren stattliche Gewinne erzielen. Durch Zertifikate auf REITs, ausgewählte Unternehmen und spezielle Immobilienindizes können Anleger heute auf dem boomenden chinesischen Immobilienmarkt ebenso präsent sein wie in Hongkong, Tokio, Osteuropa und vielen anderen Regionen der Welt.

Kornwestheim, April 2007   Dr. Dr. Gerald Pilz

Inhaltsverzeichnis

Abbildungsverzeichnis

Tabellenverzeichnis

Abkürzungsverzeichnis

AFFO	Adjusted Funds from Operations
BaFin	Bundesanstalt für Finanzdienstleistungsaufsicht
CAD	Cash Available for Distribution
CAFM	Computer Aided Facility Management
CMBS	Commercial Mortgage Backed Securities
CREM	Corporate Real Estate Management
CR-REIT	Corporate Restructuring Real Estate Investment Trust
DBA	Doppelbesteuerungsabkommen
DIMAX	Deutscher Immobilienaktienindex
DIX	Deutscher Immobilienindex
D-REIT	Deutscher Real Estate Investment Trust
E&G EPIX 30	Ellwanger & Geiger Index der 30 Immobilienaktien Eurozone
EBIT	Earnings before Interest and Taxes
EBITDA	Earnings before Interest, Taxes, Depreciation and Amortisation
EPRA	European Public Real Estate Association
EPS	Earnings per Share (Gewinn je Aktie)
ETF	Exchange Traded Funds
FAD	Funds Available for Distribution
FFO	Funds from Operations
GbR	Gesellschaft bürgerlichen Rechts
GPR	Global Property Research
G-REIT	German Real Estate Investment Trust
HGB	Handelsgesetzbuch
H-REIT	Hongkong Real Estate Investment Trust
IAS	International Accounting Standards
IFRS	International Financial Reporting Standards
ISIN	Internationale Wertpapierkennnummer

J-REIT	Japan Real Estate Investment Trus
KAG	Kapitalanlagegesellschaft
KGV	Kurs-Gewinn-Verhältnis
K-REIT	Korean Real Estate Investment Trust
LPT	Listed Property Trust (Australian REIT)
MBS	Mortgage Backed Securities
NAREIT	National Association of Real Investment Trusts
NAV	Net Asset Value
NTA	Net Tangible Asset
PSI	Positive Spread Investing
REIT	Real Estate Investment Trust
RMA	REIT Modernization Act
RMBS	Residential Mortgage Backed Securities
SEC	Securities Exchange Commission
SICAFI	Société d' Investissement à capital fixe en immobilière
SIIC	Société d'investissements immobliers cotée
S-REIT	Singapore Real Estate Investment Trust
TOPIX	Aktienindex der Tokioter Börse
UK-REIT	United Kingdom Real Estate Investment Trust
US-GAAP	US Generally Accepted Accounting Principles
WKN	Wertpapierkennnummer
XTF-Segment	Exchange Traded Funds Segment

1   Einführung

Bei Umfragen wird in Deutschland die Immobilie als Teil der Altersvorsorge stets an erster Stelle genannt. Das eigene Haus hat für viele Anleger eine besondere Bedeutung und genießt als Investment höchste Wertschätzung.

Die Mietrenditen von Immobilien sind teilweise höher und lukrativer als die Zinsen von Anleihen oder die ausgeschütteten Dividenden von Aktiengesellschaften. Viele Anleger denken bei Immobilien an den Kauf eines Hauses oder eines Büros. Das ist für Kleinanleger meist nicht machbar, da hohe Geldsummen erforderlich sind. Zudem ist man für längere Zeit an das Gebäude gebunden, ganz zu schweigen von Kosten wie Makler- und Notargebühren, Grundsteuer und Reparaturen.

Doch inzwischen gibt es eine Vielzahl neuer Anlagemöglichkeiten, die eine hohe Flexibilität und Handelbarkeit mit sich bringen. Hierzu gehören börsennotierte Immobiliengesellschaften, die in den letzten Jahren besonders hohe Wertzuwächse erzielen konnten, und REITs (Real Estate Investment Trusts), eine spezielle, steuerbegünstigte Form der Immobiliengesellschaft, die es in vielen Ländern der Welt und in Deutschland seit Januar 2007 gibt. Börsennotierte Immobiliengesellschaften werden als Aktien an der Börse gehandelt und können wie alle Aktien jederzeit gekauft und verkauft werden. Sie sind schon für geringe Beträge zu bekommen und eignen sich daher vor allem für Kleinanleger, aber auch für die private Altersvorsorge.

In den letzten Monaten sind einige dieser Aktien enorm angestiegen. Besonders große Chancen ergeben sich in Ländern mit noch niedriger Bewertung von Gewerbeimmobilien wie beispielsweise in Osteuropa (Tschechien, Slowakei, Kroatien, Bulgarien, Rumänien). Auch Länder wie Japan, wo die Immobilienpreise sich nach der langen Rezession an den Aktienmärkten erst erholen, und China sind Märkte mit außerordentlichen Chancen. In Städten wie Shanghai boomt der Immobilienmarkt.

REITs unterscheiden sich von herkömmlichen Immobilienaktien dadurch, dass REITs beispielsweise in den USA gesetzlich verpflichtet sind, über 90 Prozent der Gewinne an die Anleger auszuschütten (in anderen Ländern liegt die Quote zwischen 80 und 100 Prozent). Dadurch steigt der Wert solcher Aktien noch schneller.

Die in den Niederlanden ansässige Global Property Research hat die Wertentwicklung von herkömmlichen Immobilienaktien und REITs verglichen: Der GPR 250 Global Index fasst die 250 größten Immobiliengesellschaften mit Börsennotierung zusammen; dieser Index stieg im Zeitraum von 1989 bis 2004 von 100 Punkten auf 250 Punkte. Der Index der 250 weltweit größten REITs stieg in der gleichen Periode von 100 Punkten auf über 500 Punkte. Eine noch bessere Performance kann der Anleger erzielen, wenn man nur die wachstumsstärksten Immobilienmärkte und Regionen heraussucht.

Immobilienzertifikate ermöglichen es, an die Wertentwicklung eines Immobilienindex anzuknüpfen. Dadurch kann der Anleger auf spezielle Regionen und Länder setzen. Zertifikate gibt es beispielsweise für die 30 größten Immobiliengesellschaften und REITs, auf die Immobilienmärkte in den USA, Großbritannien, Australien, Südafrika, Kontinentaleuropa, Osteuropa, Asien, Hongkong, Japan und Tokio. Ein spezielles Zertifikat wurde auch auf den deutschen Immobilienmarkt herausgegeben, der von der Einführung von REITs im Jahre 2007 profitieren dürfte, da deutsche Immobilien im internationalen Vergleich erheblich unterbewertet sind. Es wird auch erwartet, dass sich dann einige Immobiliengesellschaften in Deutschland nachträglich in REITs umwandeln.

2 Immobilien

Eine Immobilie oder Liegenschaft ist ein Grundstück mit dem darauf befindlichen Gebäude und dem Zubehör. Unter einer Wohnimmobilie versteht man ein Gebäude oder einen Gebäudeteil (Wohnung), welcher ausschließlich oder vorwiegend Wohnzwecken dient. Dabei ist zunächst unerheblich, ob die Nutzung durch den Eigentümer selbst oder durch einen Mieter erfolgt.

Die Wohnimmobilie ist von der Gewerbeimmobilie zu unterscheiden. Diese Differenzierung, die für REITs von gewisser Bedeutung ist, wurde im Steuerrecht (Umsatzsteuer, Abschreibung), in den Finanzierungsmöglichkeiten und im Baurecht verankert. Bei der Gewerbeimmobilie steht die gewerbliche oder freiberufliche Nutzung im Vordergrund. Gewerbeimmobilien sind beispielsweise Ladengeschäfte, Fabrikhallen, aber auch Büros, Anwaltskanzleien und Arztpraxen. Darüber hinaus gibt es Immobilien, die gemischt genutzt werden und sowohl als Wohnung als auch für das Gewerbe genutzt werden (beispielsweise ein Loft, Atelier oder Bauernhof).

Für Immobilien gibt es in den meisten Ländern besondere gesetzliche Regelungen beim Eigentumserwerb, der Übertragung und Besteuerung. So ist in Deutschland für den Kauf einer Immobilie stets ein notariell beurkundeter Kaufvertrag und die ebenso beurkundete Einigung über den Eigentumsübergang (die so genannte Auflassung) erforderlich. Der neue Eigentümer wird dann in das Grundbuch eingetragen.

2.1 Der Immobilienmarkt

Der Immobilienmarkt ist durch einige Besonderheiten gekennzeichnet. Da Grund und Boden nicht vermehrbar sind, zumindest wenn man spezielle Aspekte wie die Gewinnung von Land aus dem Meer ausklammert, ist vor allem in Ländern mit hoher Bevölkerungsdichte mit steigenden Grundstückpreisen zu rechnen. Der gesamte Immobilienmarkt lässt sich in verschiedene Sektoren untergliedern, deren Preisentwicklung von eigenen Faktoren bestimmt wird. Ein wichtiger Sektor ist der Grundstücksmarkt, dessen Wertentwicklung von der amtlichen Erschließung von Baugrundstücken und Genehmigungsverfahren abhängig ist. Bei dem zweiten Sektor handelt es sich um den Wohnungsmarkt, der zahlreichen gesetzlichen Reglementierungen und dem Mieterschutz unterliegt. Der dritte Sektor ist der von einer eigenen Dynamik bestimmte Immobilienmarkt für Industrie und Gewerbe.

Die demographische Entwicklung in vielen Ländern der Europäischen Union, die durch eine stark sinkende Geburtenrate gekennzeichnet ist, wirkt sich negativ auf die im Immobilienmarkt zu erzielenden Renditen aus. Je stärker die Überalterung der Gesellschaft voranschreitet und je geringer die Geburtenrate eines Landes ist, desto deutlicher sinkt die Nachfrage nach Immobilien.

Dass dieser Effekt noch keine spürbaren Auswirkungen gezeitigt hat, liegt daran, dass mit dem wachsenden Lebensstandard auch die Wohnqualität steigt. Selbst Singles und allein stehende Senioren bevorzugen heute größere und geräumigere Wohnungen als früher. Doch die Überalterung der Gesellschaft zeigt sich bereits an einem anderen Phänomen. Die Nachfrage nach neuen Wohnformen wie dem betreuten Wohnen oder luxuriösen Seniorenresidenzen hat drastisch zugenommen. Einige Finanzdienstleister haben bereits auf diesen sich abzeichnenden Trend reagiert und bieten Zertifikate an, die sich auf ein Portfolio aus Seniorenresidenzen beziehen. Zugleich gewinnen auch die Immobilien anderer Einrichtungen an Bedeutung, die sich auf den Bereich Health Care oder Wellness spezialisiert haben. In den USA sind schon zahlreiche Immobiliengesellschaften gegründet worden, die sich auf solche Liegenschaften spezialisieren und unter der Kategorie „Health Care Real Estate" firmieren.

Andererseits wirkt sich eine schrumpfende Bevölkerung deutlich auf den Immobilienmarkt aus. So schätzen Experten, dass in Italien die Bevölkerung bis zum Jahr 2050 um 20 bis 25 Prozent zurückgehen wird. Italien und Spanien haben die niedrigsten Geburtenraten in den fortgeschrittenen Ländern der Europäischen Union.

Aber auch in Deutschland wird die demographische Entwicklung klare Spuren hinterlassen. Verstärkt wird dieser Effekt durch strukturelle Probleme in manchen Regionen, die zur Abwanderung führen. Einige ostdeutsche Städte haben bis zum einem Viertel der ursprünglichen Bevölkerung verloren, so dass ganze Straßenzüge leer stehen und sich in eine Geisterlandschaft verwandelt haben. Einige Regionen in Mecklenburg-Vorpommern und Brandenburg werden zunehmend entvölkert, da die jungen Arbeitskräfte in die Ballungszentren und Metropolen im Westen ziehen, um dort eine besser bezahlte Arbeit zu finden. Wenn die geburtenstarken Jahrgänge der 1960er Jahre in den Ruhestand gehen werden, kann dies zu einem Preisverfall am Immobilienmarkt führen. Aufgrund der zu erwartenden niedrigen Renten kündigt sich eine neue Altersarmut an. Durch den Beschluss, das Renteneintrittsalter auf 67 Jahre zu erhöhen, wird diese Entwicklung noch beschleunigt. Da Deutschland, was die Beschäftigung alter Menschen anbelangt, in der Europäischen Union das Schlusslicht bildet, ist die Chance von Arbeitnehmern über 50 Jahre eine Stelle zu finden, sehr unwahrscheinlich. Die Mehrheit geht mit 61 Jahren in Rente. Die Anhebung des Renteneintrittsalter bedeutet daher faktisch eine beispiellose Rentenkürzung, die durch andere Einschnitte und den mangelnden Inflationsausgleich der letzten Jahre noch verschärft wird. Die Generation der 1960er Jahre wird daher gezwungen sein, ihre Immobilien zu verkaufen, um ihren Lebensstandard im Alter abzusichern. Die meisten werden ein preiswerteres Eigenheim erwerben, das eher den Ansprüchen und Anforderungen im Alter gerecht wird.

Für Investoren im Immobilienmarkt bedeutet dies: Die Nachfrage nach seniorengerechten Immobilien und speziell betreutem Wohnen wird erheblich zunehmen und überdurchschnittliche Renditen mit sich bringen, da die Lebenserwartung steigt. Dies gilt auch besonders für Immobilien, die dem Health Care Bereich zuzuordnen sind. Der Trend zu mehr Fitness und Wellness und damit anspruchsvollen Gesundheitsdienstleistungen ist ungebrochen. Daher werden Gebäudekomplexe, die Wohnen, Freizeit, Wellness-Einrichtungen wie Bäder, Massagezentren, Saunen, Golfplätze und andere sportliche Einrichtungen integrieren, lukrativ sein. Schon jetzt bauen einige Schwellenländer weitläufige Seniorenresidenzen mit allem Luxus, um wohlhabende Pensionäre aus dem Westen als Residenten zu gewinnen. Solche Programme gibt es bereits in Malaysia und Costa Rica. Auch die Idee, Pflegedienstleistungen günstig in Entwicklungs- und Schwellenländern wie Thailand zu nutzen, gewinnt an Zuspruch. Die Globalisierung hat sich nicht nur auf den engeren Gesundheitssektor ausgewirkt, sondern spielt auch im Bereich Fitness und Wellness eine überragende Rolle.

Angesichts dieser Situation wird mancher Investor die Lage des Immobilienmarkts in Deutschland pessimistisch einschätzen. Doch dieser Befund ist nicht zutreffend; wenn man von den strukturschwachen Regionen in Ostdeutschland und vereinzelt im Westen absieht, bieten sich in Deutschland gute Chancen für Immobilienanleger.

Früher haben viele Investoren deutsche Immobilien gemieden. Denn nach dem Zusammenbruch der New Economy verlangsamte sich das Wirtschaftswachstum; in vielen Großstädten standen Büroräume jahrelang leer. Auch Immobilien in erstklassigen Lagen wie der berühmte Messeturm in Frankfurt am Main wurden in dieser Krisenzeit nie vollständig ausgelastet. Dasselbe gilt für Düsseldorfs Medienhafen, der als Vorzeigeprojekt dient und sich durch architektonische Prachtbauten hervortut. Viele Bürohäuser konnten trotz intensiver Bemühungen nicht vermietet werden.

In den letzten Jahren zeichnet sich allerdings Besserung ab, und deutsche Immobilien sind insbesondere bei ausländischen Investoren begehrt. Seit dem steigenden Wirtschaftswachstum und der konjunkturellen Erholung boomt der deutsche Immobilienmarkt, wenngleich die Renditen das internationale Niveau noch nicht erreicht haben. Aber anders als in den USA, Großbritannien und Australien sind die Bewertungen hierzulande moderat und die Immobilien relativ billig.

Erstaunlicherweise erfreuen sich nicht nur Bürokomplexe bei ausländischen Investoren großer Beliebtheit, sondern auch vor allem Wohnimmobilien der Gunst der Anleger. Aufgrund des strengen Mieterschutzes sind die Mieten im Vergleich zu anderen OECD-Ländern sehr niedrig und können nicht weiter sinken. In den USA oder Großbritannien sind die Mieten bereits so sehr gestiegen, dass Investoren einen deutlichen Rückgang befürchten. Deutschland hingegen gilt aufgrund der niedrigen Mieten als solides Investment. Besonders die großen Immobilienbestände in den wirtschaftlich klammen ostdeutschen Bundesländern sind attraktiv.

Da viele deutsche Anleger, angelockt von staatlichen Fördergeldern in den 1990er Jahren, in Ostdeutschland investierten, kam es zu einer starken Preissteigerung vor allem bei Gewerbeimmobilien. Als jedoch die Aussicht auf einen nachhaltigen wirtschaftlichen Aufschwung in den neuen Bundesländern schwand, sanken die Preise. Viele Büros erwiesen sich als unvermietbar, und die Kapitalanleger, die ursprünglich von den Fördergeldern profitiert hatten, mussten herbe Verluste hinnehmen. Daher wurde der ostdeutsche Immobilienmarkt von deutschen Anlegern eher gemieden.

Ausländische Investoren hingegen entdeckten sehr schnell das enorme Potenzial der ostdeutschen Wohnungsgesellschaften, die aufgrund der niedrigen Mieten, die zu erzielen waren, und der wirtschaftlichen Flaute niedrig bewertet waren. Das lockte zahlreiche Investoren an. So konnte beispielsweise die Stadt Dresden ihre kommunale Wohnungsgesellschaft für 1,7 Milliarden Euro veräußern.

Der deutsche Immobilienmarkt befindet sich noch ganz am Anfang, während die USA, Großbritannien und Australien bereits den Zenit überschritten haben. Deutsche Immobilienaktien konnten in den letzten Jahren deutlich zulegen. Als der DAX infolge der Krise am Neuen Markt immer stärker sank, gewannen Immobilien an Wertschätzung. Deutsche Immobilienaktien sind zwar im internationalen Vergleich nicht so stark gestiegen, aber sie haben mehr Potenzial als ausländische Papiere. Hinzu kommt, dass mit der Einführung von REITs der deutsche Immobilienmarkt noch stärkeres Interesse weckt, zumal auch etliche Konzerne ihre riesigen Immobilienbestände in REITs einbringen wollen. Durch dieses Immobilien-Outsourcing wird der Wert des eigenen Unternehmens noch weiter gesteigert. Allein die Immobilien, über die die Deutsche Post, Karstadt-Quelle, DaimlerChrysler oder die Deutsche Bahn verfügen, bieten enorme Möglichkeiten für REITs.

Aber auch herkömmliche Immobilienaktien steigen in die Höhe. Ursache sind die historisch niedrigen Zinsen, die nach dem 11. September 2001 weltweit durchgesetzt wurden, um eine Wirtschaftskrise abzuwenden. Dadurch wurden Immobilienfinanzierungen sehr viel günstiger; darüber hinaus waren Investments in Grundstücke und Gebäude viel sicherer und lukrativer als Aktienanlagen in den meisten westlichen Ländern oder als ein Investment in Anleihen, die aufgrund der niedrigen Zinsen nur eine bescheidene Rendite mit sich brachten. Deshalb interessieren sich private und institutionelle Investoren zunehmend für eine Anlage in Immobilien. Anders als bei

Aktien oder Rohstoffen waren die Wertschwankungen in den letzten Jahren bei Immobilien sehr viel verhaltener.

Hinzu kommt, dass mit Osteuropa und etlichen Schwellenländern wie China und Indien neue Märkte erschlossen wurden. Insbesondere in manchen osteuropäischen Ländern sind die Bewertungen am Immobilienmarkt noch relativ niedrig, so dass sich für Investoren interessante Anlagemöglichkeiten ergeben. In Prag beispielsweise liegt die Bewertung von Grundstücken und Gewerbeimmobilien noch deutlich unter dem westlichen Niveau; das Wirtschaftswachstum und die Perspektiven sind jedoch in der Metropole an der Moldau wesentlich besser. Dieses Urteil gilt ebenso für die anderen osteuropäischen Zentren, die erheblichen Nachholbedarf haben. Ganz gleich ob Warschau, Prag, Bratislava oder Budapest – überall sind die Immobilienmärkte im Aufschwung. Noch ausgeprägter und lukrativer ist der Boom in den osteuropäischen Ländern, die erst kürzlich der Europäischen Union beigetreten sind. In Bulgarien und Rumänien steht der Immobilienmarkt vor einem deutlichen Aufwärtstrend, wobei nicht nur Gewerbeimmobilien in den besten Citylagen profitieren, sondern auch luxuriöse Ferienhäuser an der Schwarzmeerküste, die überwiegend an ausländische Urlauber als Feriendomizil verkauft werden.

Tab. 1: Immobiliengesellschaften in Osteuropa und in der Türkei

Immoeast Immobilien Anlagen (Osteuropa)	Raven Russia (Russland)
Meinl European Land (Osteuropa)	Equest Balkan Properties (Südosteuropa)
Globe Trade Centre (Polen)	Is REIT (Türkei)

2.1.1 Der Immobilienmarkt in Asien

In Asien war lange Zeit der chinesische Immobilienmarkt interessant. In der Boommetropole Shanghai wurden zeitweise Eigentumswohnungen achtmal hintereinander veräußert, bis überhaupt jemand einzog. Denn allein der erneute Wiederverkauf einer Eigentumswohnung brachte enorme Wertsteigerungen mit sich. Die chinesische Regierung versucht, dieser ausfernden Immobilienspekulation Einhalt zu gebieten, so dass sich der chinesische Immobilienmarkt beruhigte. Aber dennoch sind in China langfristig enorme Renditen möglich. Die Regierung beschloss zudem ein neues Gesetz, das das Eigentum garantiert. In Shanghai besitzen bereits viel wohlhabende und reiche Chinesen ein eigenes Haus oder zumindest eine noble Eigentumswohnung mit Innenstadtlage.

Tab. 2: Immobiliengesellschaften in Malaysia

IGB Corp. Berhad Malaysia	KLCC Property Holdings Malaysia

Ebenso spannend war die Entwicklung in Japan und vor allem in Tokio. Ende der 1980er Jahre erzielte der japanische Immobilienmarkt noch weltweit rekordverdächtige Wertsteigerungen; zeitweise waren wenige Quadratkilometer in Tokio mehr wert als die gesamten Immobilien in Kalifornien. Diese außergewöhnliche Übertreibung musste früher oder später in einen Crash münden, der dann in den krisengeschüttelten Neunzigern kam. Ganz Japan schlitterte unaufhaltsam in ein Tal, und der Niedergang der japanischen Wirtschaft war kaum zu übersehen. Nippons Aktienmarkt, der Ende der 1980er Jahre fast einen Zählerstand von 40.000 Punkten vorweisen konnte, sackte auf unter 10.000 Punkte ab. Die japanische Wirtschaft kannte nur noch eine Abwärtsbewegung, und die Regierung in Tokio musste ein milliardenschweres Konjunkturprogramm auflegen, um die schlimmsten Auswirkungen abzumildern. In einigen Jahren zeigten sich deflationäre Tendenzen, und die Zentralbank legte den Zinssatz auf null Prozent fest, um die Investitionen anzukurbeln. Diese Krisenzeit dauerte mehr als 15 Jahre, und noch ist nicht sicher, ob Japans Aufschwung bereits gekommen ist. Obwohl immer mehr Analysten geradezu eine Trendwende beschwören, erwies sich bislang jede Hoffnung auf eine deutliche Umkehr als ein schnell verglimmendes Strohfeuer. Zwar konnte sich der Aktienmarkt deutlich erholen, aber von den Höchstständen Ende der 1980er Jahre ist Tokios Börse noch weit entfernt. Selbst jetzt notieren die meisten Kurse 18 Jahre nach der Boomphase noch über 60 Prozent unter den Höchstständen. Analoges gilt für den Immobilienmarkt; in wohl kaum einer entwickelten Metropole sind die Immobilienpreise so drastisch zurückgegangen wie in Tokio. Zwar hat die Stadt noch immer ein Preisniveau, wogegen die europäischen Metropolen vergleichsweise günstig sind, aber die horrenden Immobilienpreise, die Ende der 1980er Jahre den Markt beherrschten, sind längst Vergangenheit. Die 1990er Jahre haben Japans Immobilienmarkt einen enormen Preisrückgang beschert, so dass inzwischen der Immobilienmarkt moderat bewertet ist. Dennoch lässt ein nachhaltiger Aufschwung auf sich warten; die prosperierenden Nachbarstaaten mit einem wesentlich niedrigen Lohnniveau haben gegenüber Japan erhebliche Vorteile. Gegen die Konkurrenz von China, Malaysia, Indonesien, den Philippinen und Thailand kann sich Nippon nur schwer behaupten, so dass der konjunkturelle Aufschwung noch aussteht.

Tab. 3: Immobiliengesellschaften auf den Philippinen

Ayala Land Inc.	SM Prime Holdings

Dennoch haben Anleger längst Japan entdeckt, so dass auch auf niedrigerem Niveau REITs bereits überbewertet sind, während herkömmliche Immobilienaktien noch ein gewisses Potenzial haben.

Unter den Newcomern der Schwellenländer haben vor allem China und Indien große Wachstumschancen, was vor allem auch den Immobilienmarkt beflügelt.

Tab. 4: Immobiliengesellschaften, die ihren Schwerpunkt in China haben

China Overseas Land & Invest	New World China Land Ltd.
Shimao Property Holdings Limited	Greentown China Holdings
Shui On Land Limited	New World Development
Chinese Estates	China Resources Land Limited
Sun Hung Kai Properties China	Henderson Land Development China
Sino Land Co. China	Hang Lung Properties China
GZI REIT China	

2.1.2 Das Beispiel Shanghai

In Shanghai boomt der Immobilienmarkt und erreicht rekordverdächtige Wertsteigerungen. Ganze Stadtviertel werden innerhalb kürzester Zeit errichtet, und zu den luxuriösesten Domizilen gehört beispielsweise die „Tomson Riviera", die einen Panoramablick auf die koloniale Architektur einstiger Prachtbauten gestattet, als Shanghai noch eine internationale Hafenstadt war. Insbesondere Auslandschinesen, die über ein großes Vermögen verfügen, erwerben Immobilien in der Boommetropole, die zu den wachstumsstärksten Regionen der Weltwirtschaft zählt. Der Quadratmeter kostet in einigen Spitzenlagen über 12.000 Euro. Es gibt Apartments mit über 1.200 Quadratmetern, und die Gebäude sind mit separaten Aufzügen für Hausangestellte ausgestattet.

Die Regierung in Peking plant einige gesetzliche Änderungen, um eine Überhitzungsgefahr auf dem boomenden chinesischen Immobilienmarkt vorzubeugen. Künftig dürfen ausländische Investoren nur noch Immobilien in China erwerben, wenn sie mindestens ein Jahr lang in China studiert oder gearbeitet haben. Unternehmen dürfen in den Städten lediglich dann Immobilien kaufen, wenn sie dort ihre Niederlassung haben.

2.1.3 Der Immobilienmarkt in Osteuropa

Länder wie Tschechien, Polen, Ungarn und die baltischen Staaten profitieren von der enormen Wirtschaftsdynamik, die auch den Immobilienmarkt anspornt. Dasselbe gilt für Länder wie die Slowakei und die Balkanstaaten; besonders ausgeprägt ist der Boom bei dem Beitrittskandidaten Kroatien, wo auch die Börse beträchtliche Wertsteigerungen vorweisen konnte.

In all diesen Ländern besteht ein erheblicher Nachholbedarf bei Immobilien im gewerblichen Sektor und auf dem Wohnungsmarkt. Die osteuropäischen Metropolen Budapest, Prag und Warschau verfügen zusammen über zirka 3,8 Millionen Quadratmeter Bürofläche. In der Finanzmetropole Frankfurt gibt es rund dreimal so viele Büros. Die osteuropäischen Ballungszentren haben den entscheidenden Vorteil, dass die Mieten im Vergleich zu Westeuropa noch relativ günstig sind. In Budapest, Prag und Warschau werden in Spitzenlagen 17,50 bis 18,50 Euro Miete pro Quadratmeter für Gewerbe- und Büroimmobilien verlangt. In München hingegen liegt der Mietpreis pro Quadratmeter in Premiumlagen bei 28 Euro, in Frankfurt am Main sind es gar über 33 Euro und in Paris über 52 Euro. Spitzenreiter ist die britische Metropole London mit einem Preis von 107 Euro je Quadratmeter Bürofläche in der Londoner City.

Aufgrund des niedrigeren Mietniveaus in Osteuropa entsteht ein besseres Preis-Leistungs-Verhältnis, das die erzielbare Rendite deutlich erhöht. In Westeuropa liegt die Rendite bei 5 bis 5,4 Prozent in Spitzenlagen. In Warschau und in Budapest indes können zwischen 7 bis 8 Prozent Rendite erreicht werden. Diese Spitzenwerte werden noch von weiteren osteuropäischen Metropolen übertroffen. So sind die Immobilienpreise in Moskau in den letzten Jahren drastisch gestiegen. Auch in Bukarest, Sofia und Zagreb zeichnet sich eine ähnliche Entwicklung ab.

2.1.4 Der Immobilienmarkt in den USA

Seit 2007 macht sich in den USA eine Immobilienkrise bemerkbar. Während in den Jahren zuvor der Immobilienmarkt überdurchschnittliche Zuwachsraten vorweisen konnte, treten nun die riskanten Hypothekenkredite in den Vordergrund, die viele Amerikaner eingegangen sind. Ursache dafür sind die oft großzügig vergebenen Kredite, bei denen die Kunden nicht einmal eine Anzahlung leisten mussten. Auch einkommensschwache Interessenten sind so für den Hauskauf gewonnen worden, obwohl deren Bonität von Vornherein zweifelhaft erschien. Angesichts der zweistelligen Steigerungsraten in manchen Regionen war dieses Geschäft für viele Käufer besonders lukrativ. Seit 2006 fallen jedoch die Immobilienpreise, und mangels solider Finanzierung wächst bei vielen Eigentümern der Verkaufsdruck. Erschwerend kommt hinzu, dass bei einigen Krediten, die anfangs günstig vergeben wurden, die Zinsbindung abläuft, so dass nun infolge der restriktiven Geldpolitik der amerikanischen Notenbank die Darlehen sich erheblich verteuern. Zahllose Unternehmen, die sich auf die Vergabe risikoreicher Hypotheken spezialisiert haben, mussten inzwischen Insolvenz anmelden. Ein Beispiel dafür ist New Century Financial, deren Aktienkurs infolge der sich anbahnenden Krise auf dem US-Immobilienmarkt 80 bis 90 Prozent des Wertes einbüßte. Das Problem weitet sich zusehends auch auf Investmentbanken, Pensionskassen, Banken, Versicherungen und Hedgefonds aus. Risiken ergeben sich zudem aus der so genannten Securitisation (Verbriefung). Bei diesem Verfahren werden riskante Hypotheken gebündelt und als Sicherheit für festverzinsliche Anleihen mit höheren Renditen verwendet. Das Bonitätsrating solcher mit Hypotheken besicherten Wertpapiere sinkt ständig.

Anders als in Deutschland ist die Eigentumsquote in den USA relativ hoch, denn von 300 Millionen Einwohnern haben 70 Prozent ein Eigenheim. Anfang 2007 wurden mehr als 4 Millionen Häuser zum Verkauf angeboten. Man schätzt, dass innerhalb kurzer Zeit eine weitere halbe Million zum Verkauf anstehen könnte, was die Immobilienpreise weiter drücken wird. Für viele Eigentümer, die eine ungünstige Baufinanzierung abgeschlossen haben, bedeutet dies unter Umständen, dass der Erlös beim Verkauf des Hauses geringer sein wird als die noch vorhandenen Hypothekenschulden.

Die Auswirkungen auf die Bauwirtschaft sind bereits deutlich erkennbar, denn die Aufträge und Umsätze fallen kontinuierlich. Das Volumen des amerikanischen Hypothekenmarkts wird auf 6,5 Billionen Dollar geschätzt; zehn Prozent dieses gigantischen Marktes gelten inzwischen als risikobelastet, da die Rückzahlung der Hypotheken nicht mehr gewährleistet ist. Die amerikanische Notenbank zeigt sich besorgt angesichts dieser Verhältnisse und hat die Kreditvergaberegeln merklich verschärft

2.1.5   Der Immobilienmarkt in Deutschland

Trotz einer ungünstigen demographischen Entwicklung in Deutschland bleibt der Immobilienmarkt interessant, denn hierzulande ist das Mietniveau im internationalen Vergleich niedrig, und viele Immobilien sind noch günstig bewertet. Als Anleger sollte man dennoch die enormen regionalen Unterschiede beachten, da es neben boomenden Metropolen etliche strukturschwache Gebiete gibt, die den Investoren nur Verluste beschert haben. Langfristige Untersuchungen haben gezeigt, dass Eigentumswohnungen eine stärkere Wertsteigerung verbuchen konnten als Häuser.

Der Vorteil, den Anleger erzielen können, hängt zum einen davon ab, wie stark die Wertsteigerung ist, und zum anderen, ob das Preisniveau noch akzeptabel ist. Der Kauf eines Hauses oder einer Eigentumswohnung in einer erstklassigen Lage bedeutet nicht immer generell eine hohe Rendite, vor allem wenn der Kaufpreis bereits sehr hoch ist.

Die Attraktivität einer Region ist von vielen unterschiedlichen Faktoren abhängig; zu den wichtigsten zählen die Wirtschaftskraft, die Beschäftigungslage, das allgemeine Einkommen und die vorhandene Infrastruktur sowie der Freizeitwert. Neben den allgemeinen Wachstumsperspektiven entscheidet vor allem die Mikrolage über die Wertsteigerungschancen einer Immobilie.

Die Nachbarschaft der Wohnung oder des Hauses ist der zentrale Schlüsselfaktor.

Die Anbindung an den öffentlichen Nahverkehr, ausreichend Parkplätze und gute Einkaufsmöglichkeiten machen einen Standort attraktiv. Hierzu gehören auch kulturelle Angebote (Büchereien, Kinos, Theater, Ausstellungen) und Vereine in der Nähe. Ebenso wichtig sind Einkaufsmöglichkeiten, ärztliche Versorgung und Grünanlagen sowie andere Freizeiteinrichtungen – insbesondere für Kinder (Spielplätze).

In den letzten Jahren gewann die Mikrolage zunehmend an Bedeutung, so dass die Differenzierung eine entscheidende Rolle spielt. Schon wenige Straßen weiter kann in einer Großstadt das Preisniveau erheblich variieren.

Luxuslagen, die früher als Garant für deutliche Wertsteigerungen galten, haben in den letzten Jahren eher an Attraktivität verloren. Mehr und mehr Eigentümer, die einen Preisrückgang bemerken, ziehen es vor, ihre Immobilien in Luxuslagen rechtzeitig abzustoßen und in Regionen zu kaufen, die sich durch ein besseres Preis-Leistungs-Verhältnis auszeichnen. Zu diesen Wohngebieten, die trotz allerbester Lage Einbußen hinnehmen mussten, gehören das exquisite Viertel Grünwald bei München, aber auch der Kölner Stadtteil Hahnwald und Orte wie der Tegernsee.

Viele ältere Menschen, die über ein besonders hohes Einkommen verfügen, ziehen die Innenstadtlage vor, um von der Infrastruktur und den besseren Einkaufsmöglichkeiten zu profitieren. Gesucht werden meist Drei- bis Vierzimmerwohnungen in bester Lage und mit Aufzügen. Zu den beliebten Wohngegenden zählt daher das Frankfurter Westend, das durch seine Nähe zur City sich besonderer Beliebtheit erfreut.

Deutschlands teuerste Lagen gehören indes nach wie vor zu den Favoriten bei den Immobilienanlegern, denn in diesen Vierteln erweisen sich die Preise trotz der Rückgänge in manchen anderen Regionen als äußerst wertstabil. Die exklusivsten und teuersten Viertel in Deutschland sind: Hamburg-Blankenese, Düsseldorf-Oberkassel, München-Bogenhausen, Ambach (Region Starnberger See) und Stuttgart-Killesberg.

Tab. 5: Die teuersten Lagen in Deutschland

Stadtteil	Stadt
Blankenese	Hamburg
Oberkassel	Düsseldorf
Bogenhausen	München
Ambach	Starnberger See
Killesberg	Stuttgart

Die Hansestadt Hamburg weist nicht nur eines der höchsten Pro-Kopf-Einkommen in Deutschland auf, sondern beherbergt auch prozentual die meisten Millionäre.

Bevorzugter Stadtteil ist Blankenese, wo ein freistehendes Haus bis zu 2 Millionen Euro kostet. Auch andere Stadtteile in der Hansestadt führen noch weit vor anderen Großstädten die Rangliste an. So kommt ein freistehendes Haus im Universitäts- und Kulturviertel Hamburg-Harvestehude auf immerhin 1.750.000 Euro, dicht gefolgt von den Stadtteilen Rotherbaum, Winterhude und Othmarschen. Kaum eine andere

Großstadt verfügt über so lukrative und renditestarke Standorte wie Hamburg, das auch im Kaufkraftvergleich die Statistik anführt. Düsseldorf-Oberkassel folgt auf Platz 2 nach Hamburg, und an dritter Stelle positioniert sich München-Bogenhausen.

Besonders interessant für Investoren sind die Viertel, bei denen das Preisniveau bislang noch moderater ausgeprägt ist, die aber sich im Aufwind befinden und deshalb ein gewinnträchtigeres Preis-Leistungs-Verhältnis besitzen. Hierzu gehört beispielsweise der Stadtteil München-Nymphenburg, wo ein freistehendes Haus bereits über eine Million kostet, oder Ammerland in der Region Starnberger See.

In Stuttgart profiliert sich neben der unbestrittenen Toplage auf dem Killesberg auch der Stadtteil Sillenbuch, der aufgrund seiner ausgedehnten Grünflächen und seiner Hanglage eine besonders hohe Lebensqualität hat. Solche Stadtteile haben dank ihrer geographischen Position noch einen weiteren entscheidenden Vorzug: Da die begehrte Hanglage begrenzt ist, kann sich der Stadtteil nicht weiter ausdehnen, so dass Immobilien knapp bleiben und die Wertstabilität gegeben ist.

Insgesamt zeichnet sich auf dem Wohnimmobilienmarkt in Deutschland eine breiter werdende Kluft zwischen den Premiumlagen und den schlechteren Wohngegenden ab. Während hochwertige Objekte auf eine steigende Nachfrage stoßen, sind einfache Wohnimmobilien in ungünstigeren Lagen von einem deutlichen Preisverfall gekennzeichnet. Im Bereich der Mehrfamilienhäuser steigen die Preise leicht an; während noch in den 1990er Jahren fast 300.000 Mehrfamilienhäuser jährlich neu errichtet wurden, ist die Zahl seit 2003 auf 100.000 gesunken.

Dennoch sollten Anleger, die eine Immobilie in einer schwachen Region besitzen, über einen rechtzeitigen Ausstieg nachdenken. In manchen Fällen kann der Werterhalt bei einem starken Rückgang der Immobilienpreise nicht mehr gewährleistet sein. Manche Wohngebiete sind so strukturschwach, dass eine Wertsteigerung nahezu ausgeschlossen ist. Zu solchen Problemquartieren zählen beispielsweise Berlin-Marzahn oder Hasenbergl in München. Trotz aller Bemühungen um eine soziale Wohnungspolitik und einer Stärkung der Infrastruktur wächst die soziale Disparität zwischen Arm und Reich in den Großstädten. Es wird immer deutlicher, dass nicht nur die Einkommenshöhe die Attraktivität eines Stadtteils maßgeblich beeinflusst, sondern vor allem auch ein Lebensstil und ein Wertekodex, der den Bewohnern gemeinsam ist und das Image des Stadtteils bildet.

Es gibt einige Indikatoren, die vorhersagen, welche Immobilien eine geringere Rendite erwirtschaften. Insbesondere Wohnimmobilien in Neubaugebieten sollte man meiden. Denn die Käufer solcher Objekte befinden sich meist in derselben Altersklasse und im selben Lebenszyklus. Sobald die Kinder erwachsen sind und ausziehen, werden solche Häuser meist aufgegeben, da das ältere Ehepaar ohne Kinder eine Innenstadtlage aufgrund der Nähe zu Freizeiteinrichtungen, Ärzten, Einkaufsmöglichkeiten und die Anbindung an den öffentlichen Nahverkehr bevorzugt. Durch den gleichzeitigen Verkauf vieler solcher Häuser in Neubaugebieten sinken die Preise, so dass eventuell sogar ein Wertverlust eintritt.

Ein Negativum bei vielen Wohnimmobilien ist eine übermäßige Verkehrsbelastung durch nahe gelegene Bundesstraßen oder die Autobahn. Ebenso beeinträchtigt ein angrenzendes Gewerbegebiet vor allen in den Vorstädten die Wertsteigerung einer Wohnimmobilie. Anleger und Investoren sollten sich daher regelmäßig auf dem Laufenden halten und sich über informelle Kontakte rechtzeitig informieren. Sobald offiziell ein Gewerbegebiet ausgewiesen wurde, versuchen viele Immobilieneigentümer in den angrenzenden Wohngebieten, ihr Haus zu verkaufen. Zu diesem Zeitpunkt ist es bereits zu spät, da dann ein deutlicher Preisverfall einsetzt.

Ein deutlicher Hinweis auf zurückgehende Immobilienpreise sind hohe Leerstände im Einzelhandel. Wenn sich in einer Gegend die Zahl der leerstehenden Läden häuft, dann deutet dies offensichtlich auf eine schwache wirtschaftliche Entwicklung hin.

Vielfach mieten sich dann in manchen Einkaufszeilen vor allem Billigketten, Discounter und Spielotheken ein. Ein solches Stadtviertel verliert sehr schnell an Ansehen, und bald darauf verlassen die einkommensstärkeren Eigentümer das Quartier.

Auch die Leerstände von Luxusimmobilien wie Villen sind kein gutes Vorzeichen. Wenn besonders teuere und exquisite Objekte über längere Zeit unverkäuflich bleiben, dann signalisiert dies eine Überbewertung der Häuser in diesem Stadtteil. Der beginnende Wertverfall strahlt dann auf alle umliegenden Objekte aus.

Noch sichtbarer manifestiert sich ein Verfall der Immobilienpreise, wenn in einer Gegend notwendige Reparaturen hinausgeschoben werden oder unterbleiben. Bröckelnde Fassaden, fehlende Modernisierungen, renovierungsbedürftige Gebäude und verwahrloste Grundstücke sind unverkennbare Symptome eines Wertverfalls, der häufig weitere Konsequenzen nach sich zieht. Das Viertel wird zunehmend unsicherer, der Müll häuft sich in den Tonnen, und immer mehr Graffiti zieren die Häuserwände. All diese Anzeichen sollten Immobilieneigentümer sorgfältig registrieren und abwägen, ob ein Verkauf des Objekts nicht sinnvoll wäre. Häufig kann durch eine rechtzeitige Veräußerung weiterer Schaden verhindert werden.

Dass der Wohnungsmarkt sich trotz des demographischen Rückgangs und der ungünstigen Bevölkerungsentwicklung einigermaßen stabilisieren konnte, verdankt er der zunehmenden Zahl an Haushalten. Aufgrund des Trends zu Singlewohnungen, eines steigenden Heiratsalters und einer stetig wachsenden Scheidungsquote vor allem in den Ballungszentren gibt es immer mehr Haushalte. In manchen Großstädten wie Berlin, Hamburg und München leben bereits heute in über 50 Prozent aller Haushalte Singles; dies sind in der Regel junge Hochschulabsolventen am Beginn ihrer Karriere oder verwitwete ältere Menschen nach dem Tod des Partners. Dieser Trend wird in den alten Bundesländern bis mindestens 2030 und in den neuen Bundesländern bis 2015 anhalten.

Ein wichtiger Faktor bei der weiteren Stabilisierung ist auch der gestiegene Komfort und die hohen Ansprüche an die Lebensqualität; ein durchschnittlicher Haushalt in den alten Bundesländern benötigt eine Wohnfläche von fast 100 Quadratmetern, während man sich in den neuen Bundesländern noch mit durchschnittlich 80 Quadratmetern begnügt. Bis zum Jahr 2030 wird der gesamtdeutsche Durchschnitt bei 100 Quadratmetern Wohnfläche liegen.

Für einen prosperierenden deutschen Immobilienmarkt spricht die zunehmend robuste Konjunktur in Deutschland, die vor allem von der Exportindustrie getragen wird. Auch das Interesse der ausländischen Investoren könnte ein Indiz sein; denn in den letzten Jahren kauften ausländische Anleger zirka 7 Prozent des deutschen Wohnimmobilienbestandes. Während die Märkte in Großbritannien, Spanien, Italien und den USA bereits den Höhepunkt überschritten haben, befindet sich der deutsche Immobilienmarkt noch vor dem Aufschwung, was durch die Einführung der REITs im Jahre 2007 noch beschleunigt wurde. Einen wichtigen Beitrag leistet das relativ niedrige Zinsniveau, das historische Tiefststände erreicht. Während Anfang der 1990er Jahre der monatliche Effektivzins für Hypotheken mit zehnjähriger Laufzeit noch bei über 8 Prozent lag, fiel das Niveau im Jahr 2005 auf unter 4 Prozent. Darüber hinaus herrscht unter den Banken ein stark ausgeprägter Wettbewerb, der zu günstigen Konditionen, niedrigeren Verwaltungskosten und größerer Kulanz führt. Während 1996 der Anteil des Nettoeinkommens an der Finanzierung des Wohneigentums sich noch auf 34 Prozent in den alten Bundesländern belief, sank der Wert im Jahr 2006 auf 18 Prozent.

2.2   Immobiliengesellschaften

Eine Immobiliengesellschaft ist ein Unternehmen, dessen Geschäftsfeld die Vermietung, Finanzierung, Entwicklung, Realisierung oder Vermarktung von einer oder mehreren Immobilien ist. Neben dem eigentlichen Kauf einer Immobilie zur eigenen Nutzung bietet der deutsche Immobilienmarkt privaten und institutionellen Investoren diverse Möglichkeiten der indirekten Immobilienanlage:

* Geschlossene Immobilienfonds
* Offene Immobilienfonds
* Immobilien-Spezialfonds (Sonderform des Offenen Immobilienfonds)
* Immobilien-Aktiengesellschaften
* REITs.

Die in einem eigenen Kapitel zu erläuternden REITs sind börsennotierte Immobilien-Aktiengesellschaften, die steuerlich privilegiert sind und keine Körperschaftssteuer entrichten müssen. In vielen Ländern der Welt gibt es bereits REITs seit langem. In Deutschland wurde das Gesetzgebungsverfahren zur Einführung von Real Estate Investment Trusts (REITs) im Jahre 2006 eingeleitet, und im Januar 2007 wurden REITs rückwirkend zugelassen.

Zu bedeutenden Gesellschaften zählen gemessen an Marktkapitalisierung und Marktwerten der Immobilien die Deutsche EuroShop, Deutsche Immobilien Chancen (DIC), die Deutsche Wohnen und die IVG Immobilien.

Weitere große Immobilienunternehmen sind:

- Deutsche Annington
- Cerberus Capital Management
- Corpus Immobiliengruppe
- Fortress Investment Group
- ECE Projektmanagement
- GE Real Estate

2.2.1   Wohnungsgesellschaften

Zu den Immobiliengesellschaften werden speziell auch Wohnungsunternehmen (auch Wohnungsgesellschaften oder Wohnungsbaugesellschaften) gerechnet, die in der Wohnungswirtschaft tätig sind. Ihre Hauptaufgaben liegen im Bau, in der Bewirtschaftung, Verwaltung und Vermarktung von eigenen Wohnimmobilien.

Die primäre Geschäftstätigkeit ist die Verwaltung von Mietwohnungen gegen Mietzins. Doch darin erschöpft sich deren Aufgabenbereich nicht; vielmehr sind Wohnungsgesellschaften auch in einer Reihe anderer Bereiche tätig:

- Vermietung von Gewerbeeinheiten
- Vermietung von Garagen und Stellplätzen
- Verwaltung von Mietwohnungen anderer Eigentümer (Fremdverwaltung)
- Verwaltung von Eigentumswohnungen (WEG-Verwaltung)
- Verwaltung von Spezialimmobilien, z.B. Seniorenresidenzen, betreutes Wohnen
- Bauträgergeschäft
- Baubetreuung
- Vermittlung und Verkauf von Wohnimmobilien

Die wesentlichen Aufgabengebiete von Wohnungsunternehmen bestehen in der Bestandsverwaltung und Hausbewirtschaftung, im Marketing und in der Vermietung. Darüber hinaus stellt die Instandhaltung und Modernisierung des Wohnungsbestandes eine wichtige Aufgabe dar. Wohnungsunternehmen können nach Rechtsform und institutionellem Hintergrund differenziert werden:

- Wohnungsgenossenschaften
- Kommunale Wohnungsgesellschaften
- Industrie- und werksverbundene Wohnungsunternehmen
- Kirchliche Wohnungsunternehmen
- Wohnungsunternehmen des Bundes und der Länder
- Heimstätten und Landesentwicklungsgesellschaften
- Freie Wohnungsunternehmen

Freie Wohnungsunternehmen orientieren sich überwiegend am erwerbswirtschaftlichen Prinzip. Die anderen Wohnungsgesellschaften fühlen sich eher der Maxime verpflichtet, bezahlbare Wohnungen anzubieten und den sozialen Wohnungsbau zu fördern. Die Wohnraumversorgung der Bevölkerung steht im Vordergrund. Auch aufgrund des Mieterschutzes und der Einschränkungen bei den Mieterhöhungen sind die Renditen, die mit Mietwohnungen erzielt werden können, nicht mit denen von Gewerbeimmobilien unmittelbar vergleichbar.

2.2.2   Corporate Real Estate Management

Corporate Real Estate Management (CREM) bezeichnet die erfolgsorientierte Verwaltung und Vermarktung von betrieblichen Immobilien.

Ein großer Teil von Liegenschaften in Deutschland befindet sich im Eigentum von Unternehmen. Für viele Unternehmen ist es von entscheidender Bedeutung, dass die Immobilien eine adäquate Rendite abwerfen. Ein ergebnisorientiertes Management von Gewerbeimmobilien ist daher von höchster Priorität, zumal Immobilien Finanzmittel im Unternehmen langfristig binden. Für Unternehmen, die sich in einer Krise befinden oder eine finanzielle Schieflage erleiden, können Immobilien eine wichtige Grundlage für eine Sanierung sein, wie das Beispiel Karstadt-Quelle zeigt.

Die meisten Unternehmen übertragen die Bewirtschaftung der oft umfangreichen Immobilienbestände Experten, um sich auf ihre Kernkompetenzen zu konzentrieren. Zahlreiche Liegenschaften stellen für jedes Unternehmen eine enorme Belastung, aber zugleich auch einen beträchtlichen Vermögenswert dar. Um die Immobilien sinnvoll zu nutzen, ist daher die Ausgliederung in einen REIT ein sinnvolles Vorgehen. Die großen Vermögenswerte werden auf diese Weise aktiv gesteigert.

Insofern kommt dem Corporate Real Estate Management eine zentrale Bedeutung bei der Ausrichtung der Unternehmensstrategie zu. Das Corporate Real Estate Management (CREM) gliedert sich in verschiedene Hauptbereiche:

- Informationsmanagement
  Das Unternehmen benötigt stets aktuelle Informationen über die Immobilienmärkte, deren Wertentwicklung, die Wettbewerber und Nutzer, um sinnvoll über den Erwerb oder die Veräußerung von Immobilienbeständen entscheiden zu können.

- Flächenmanagement
  Darüber hinaus muss das Unternehmen Bedarfsanalysen durchführen, um die benötigte Fläche zu ermitteln. Zu große Flächen können eventuell vermietet oder verkauft werden. Alte Gebäude müssen gegebenenfalls abgerissen oder saniert werden. Eine Expansion kann Neubauten erforderlich machen.
- Gebäudemanagement
  Das Gebäudemanagement oder Facility Management bezieht sich auf die Betreuung des Baubestandes und die umfassende Bewirtschaftung der Gebäude, Anlagen und Einrichtungen. Facility Management erschöpft sich nicht in Hausmeister- oder Hausverwaltungstätigkeiten, sondern bezieht auch technische, kaufmännische und infrastrukturelle Aufgabengebiete mit ein. Hierzu gehört auch die Energiebeschaffung. Hauptziel des Facility Managements ist es, die Betriebs- und Bewirtschaftungskosten zu senken, die Verfügbarkeit von technischen Anlagen zu gewährleisten und den Wert von Gebäuden und Anlagen zu erhalten oder zu steigern.
- Gebäudeautomation
  Computer Aided Facility Management (CAFM) ist eine IT-unterstützte Form des Facility Managements. Dies umfasst Überwachungs-, Regel-, Steuer- und Optimierungseinrichtungen in Gebäuden, die selbstständig und vernetzt die Gebäudenutzung vereinfachen und verbessern. Für die einzelnen Aufgaben können Szenarien definiert werden.

Im weiteren Sinne umfasst Corporate Real Estate Management auch die Standortplanung, das Property Management, die Projektentwicklung und das Portfolio-Management. Das CREM betrachtet Immobilien als Wertobjekte und strategische Ressourcen. CREM hat folgende Zielsetzungen:

- langfristige Reduzierung der Immobilienkosten
- Vermeidung von ungenutzten oder ineffizient genutzten Immobilien
- Kosteneffiziente, unternehmensstrategische und funktionelle Expansionen
- Verträge mit großer Flexibilität und verringerten Kosten
- Effektive Nutzung von Steuervorteilen und Gewinnorientierung
- Risikomanagement und Bewertung

Das Portfolio Management betrachtet den Immobilienbestand eines Unternehmens als eine komplexe Einheit und optimiert die Zusammensetzung und Bewirtschaftung eines Portfolios aus mehreren Immobilien. Einzelne Immobilien werden je nach Struktur des Portfolios veräußert oder erweitert. Entscheidungsgrundlage sind die geographische Lage, das Alter der Immobilie, das erzielbare Mietpreisniveau, Lehrstandsraten und das Bewohnerimage.

Für viele Unternehmen ist heute das Corporate Real Estate Management ein wichtiges Instrument, um große Immobilienbestände renditeorientiert zu verwalten und zu optimieren.

3 Immobilien als Geldanlage

Wenn eine Immobilie vor allem als Geldanlage dienen soll, ist neben dem durch Vermietung erzielbaren Ertrag die Wertentwicklung über einen längeren Zeitraum, der sich über mehrere Jahre erstrecken kann, maßgeblich. Da Immobilien kein vermehrbares Gut sind, steigt ihr Wert langfristig mit der Inflation. Das begründet auch ihren Ruf als wertsicheres „Betongold" in den Portefeuilles der Anleger. Auf mittlere Sicht korreliert der Wert von Immobilien mit dem Baukostenindex.

3.1 Wertentwicklung von Immobilien

Um die Wertentwicklung von Immobilien genauer analysieren zu können, muss man sie in verschiedene Kategorien untergliedern:

- keine immobilienwirtschaftliche Nutzung (Landwirtschaft oder Forstwirtschaft)
- vorgesehene Nutzung in der Zukunft (Bauerwartungsland)
- rechtlich abgesicherte Nutzung (gewidmetes Bauland)
- vorbereitete Nutzung (parzelliert und erschlossen)
- erste Nutzung (noch ungenutzter Neubau)
- bestehende Nutzung (genutzter Bau)
- keine Nutzung im Augenblick (Leerstand)

Der Wert einer Immobilie steigt entsprechend den fünf Unterscheidungen. So sind land- oder forstwirtschaftlich genutzte Flächen relativ günstig, während leerstehende Eigentumswohnungen oder Häuser die höchste Wertsteigerung erzielen. Für Immobilienspekulanten ergibt sich die größte Aussicht auf einen deutlichen Gewinn, wenn Bauerwartungsland von den Behörden rechtlich sicher in gewidmetes Bauland umgewandelt wird. Anleger, die bereits vor dem Bekanntwerden des Beschlusses Bauerwartungsland erworben haben, verzeichnen hohe Wertsteigerungen.

Kontinuierliche Steigerungen sind auch bei einem genutzten Bau zu erwarten; die letzte Stufe, eine leerstehende Immobilie, kann ein Vorteil sein, wenn sie wieder verkauft wird und die neuen Eigentümer selbst einziehen möchten. Länger leerstehende Häuser oder Wohnungen, die eventuell sogar sanierungsbedürftig sind, können indes zu beträchtlichen Werteinbußen führen.

Der entscheidende Faktor für die Wertentwicklung einer Immobilie ist die Lage. Kein anderes Kriterium hat einen so maßgeblichen Einfluss auf den Wert. Insbesondere die vorhandene Infrastruktur spielt eine wichtige Rolle.

Wenn Schulen, Freizeiteinrichtungen, öffentlicher Nahverkehr, Ärzte, Einkaufsmöglichkeiten und kulturelle Einrichtungen in der Nähe sind, steigert dies den Wert der Immobilie enorm. Ungünstig hingegen wirken sich eine hohe Lärmbelastung, etwa in der Nähe von Flughäfen und Tankstellen, sowie Umweltbelastungen durch Autobahnen und nahegelegene Fabriken oder Gewerbegebiete aus. Zu Wertminderungen kann es kommen, wenn die umliegende Landschaft zum Naturschutzgebiet erklärt wird.

Wenn Sie eine Immobilie kaufen möchten, dann sollten Sie zuerst die Lage der Immobilie analysieren. Beachten Sie genau, welche Lebensqualität die Umgebung hat. Sind Schulen, Kindergärten, Ärzte, Einkaufsmöglichkeiten und Freizeiteinrichtungen in der Nähe? Bevor Sie eine Immobilie erwerben, sollten Sie in der Umgebung Ihres Traumhauses oder Ihrer Wunschwohnung längere Spaziergänge machen, und zwar morgens, nachmittags, abends und nachts, und Sie sollten sich das Umfeld sorgfältig ansehen. Verwahrloste Stadtviertel oder durch Kriminalität belastete Gegenden führen früher oder später zu einer Wertminderung. Scheuen Sie sich auch nicht, die Nachbarn zu befragen. Weshalb möchte der jetzige Eigentümer das Haus verkaufen? Achten Sie darauf, ob es eine harmonische Nachbarschaft gibt. Denn sobald Sie das Haus gekauft haben, können Sie nicht mehr zurück. Nichts kann Ihnen schneller die Freude an Ihrem neuen Haus verleiden als eine problematische und streitsüchtige Nachbarschaft. Solche Nachbarschaftsbeziehungen müssen Sie im Zweifelsfall Jahrzehnte ertragen – oft länger als eine Ehe. Besonders schnell kann ein solches soziales Umfeld in Eigentumswohnungen zu einer unerträglichen Last werden, wenn nachts ein hoher Lärmpegel herrscht und selbst notwendige Reparaturen an der Heizung oder am Gemeinschaftseigentum eingeklagt werden müssen.

Gehen Sie beim Kauf einer Immobilie nüchtern und sachlich vor, und lassen Sie sich nicht von romantischen Gefühlen verwirren oder beeinflussen. Für viele Anleger ist der Kauf eines Hauses die größte finanzielle Transaktion, die sie in ihrem Leben tätigen. In den meisten Fällen erstreckt sich die Finanzierung über einen Zeitraum von 30 Jahren. Angesichts solcher Dimensionen sollten alle Aspekte sorgfältig und gewissenhaft bedacht werden.

Nur wenn Sie sich absolut sicher sind, dass Ihre Immobilie eine hervorragende Lage hat, können Sie zum zweiten Schritt übergehen. Denken Sie daran, dass Sie die Lage im Nachhinein nicht ändern können. Selbst das schönste Haus in einer schlechten Lage lohnt sich nicht, denn die Wertentwicklung wird dürftig sein.

In den letzten Jahren gab es etliche Fälle, in denen Schrottimmobilien gutgläubigen Anlegern verkauft wurden. Später stellte sich heraus, dass die Eigentumswohnungen nur einen Bruchteil des Kaufpreises wert waren. Die vielen geschädigten Anleger wurden von rhetorisch versierten Vertriebsleuten förmlich ausgenommen. Deshalb ist ein eherner Grundsatz, der Sie vor solchen Machenschaften schützt: Kaufen Sie niemals eine Immobilie, ohne sie sich vorher angesehen zu haben. Einige Anleger, die sich eine solche Schrottimmobilie zulegten, kannten ihre Eigentumswohnung nur aus einem Prospekt und kauften blind eine Wohnung in Brandenburg oder Halle, ohne jemals dort gewesen zu sein. Die Vertriebsleute machten ihnen vor, dies sei ein Schnäppchen, das schon in den nächsten Stunden verkauft sein könnte. Etliche Anleger gerieten an den Rand des Ruins, als sich herausstellte, dass die Wohnungen oft nur ein Drittel oder ein Viertel des Kaufpreises wert waren. Für manche Wohnungen fanden sich noch nicht einmal Mieter, oder die erzielbaren Mieten lagen deutlich unter den Erwartungen, denn in den strukturschwachen Gebieten in einigen ostdeutschen Regionen liegt das Mietniveau beträchtlich unter dem Mietspiegel im Westen.

Selbst wenn Sie eine Immobilie in einer sehr guten Lage gefunden haben, sollten Sie zuvor einen Gutachter, beispielsweise einen Architekten, zu Rate ziehen und den Wert der Immobilie objektiv ermitteln lassen. Bestehen Sie auf einem schriftlichen Gutachten, auch wenn dies zusätzliche Kosten verursacht. Denken Sie daran, dass Sie in Ihrem Leben wahrscheinlich nur eine oder zwei Immobilien erwerben werden. Es ist für Sie wesentlich sicherer, wenn Sie ein schriftliches Gutachten haben, das Ihnen den Wert der Immobilie bestätigt. Einige der gutgläubigen Anleger, die eine solche Schrottimmobilie völlig überteuert erwarben, konnten später die Finanzierung nicht mehr tragen. Nach mehreren Jahren am Rande des Existenzminimums nahmen sich einige das Leben, als die Lage aussichtslos wurde.

Deshalb beherzigen Sie bitte folgende Grundregeln beim Kauf einer Immobilie:

(1) Untersuchen Sie genau die Lage Ihrer Immobilie. Erkunden Sie die Gegend zu Fuß zu verschiedenen Tageszeiten, und vergewissern Sie sich, dass die Infrastruktur hervorragend ist (Schulen, Kindergärten, Freizeiteinrichtungen, Einkaufsmöglichkeiten, Ärzte, kulturelle Veranstaltungen, Anbindung an den öffentlichen Nahverkehr). Beachten Sie auch, durch welches Milieu der Stadtteil geprägt ist und wie hoch das Durchschnittseinkommen liegt. Es gibt spezielle Studien von Finanzdienstleistern, die für jede Region die Einkommensverhältnisse, die Wachstumschancen und die Beschäftigungsstruktur ermitteln (beispielsweise der Finanzdienstleister Feri Trust). Sehen Sie sich auch die entsprechenden Statistiken an.

(2) Finden Sie auf jeden Fall heraus, warum der Eigentümer das Haus verkaufen möchte. Auf Ihrem Rundgang im Stadtteil sollten Sie auch Personen fragen, die meist besonders gut Bescheid wissen, beispielsweise Postboten, denn diese ge-

hen jeden Tag von Haus zu Haus. Auch Taxifahrer können häufig sehr genau Auskunft geben, ob ein Stadtteil sich im Aufwärtstrend befindet oder schleichend verwahrlost.

Sprechen Sie mit Ihren zukünftigen Nachbarn, und informieren sich über die gesamte Nachbarschaft. Wenn es schon einmal zu einem Rechtsstreit wegen überhängender Äste und anderen Kleinigkeiten kam, sollten Sie vom Kauf absehen. Eine schlechte oder streitsüchtige Nachbarschaft kann Sie über viele Jahre hinaus ärgern.

(3) Obwohl man zwischen Gewerbe- und Wohnimmobilien sowie zwischen fremd- und eigengenutzten Objekten unterscheiden muss, lässt sich sagen, dass in Deutschland die Regionen Hamburg, Düsseldorf und München in der Vergangenheit die höchsten Zuwachsraten erzielt haben und die beste Lebensqualität vorweisen können. Auf den nachfolgenden Spitzenplätzen sind meist Frankfurt am Main und Stuttgart zu finden. Als besonders lukrativ gelten auch Mainz und Wiesbaden. Den Negativrekord halten einige Gegenden in Ostdeutschland, die besonders strukturschwach sind. Mecklenburg-Vorpommern und Sachsen-Anhalt sind als Regionen nicht empfehlenswert. Auch andere ostdeutsche Bundesländer erweisen sich nicht als besonders renditeträchtig.

Für die erzielbare Rendite ist es wichtig, dass Sie das Preis-Leistungs-Verhältnis berücksichtigen. In manchen Regionen sind die Immobilien bereits so teuer, dass Sie mit einer Mietwohnung besser abschneiden. Viele Anleger neigen dazu, eine Immobilie als „Eigenheim" zu verklären. Sie sollten diese Anlageform jedoch sehr nüchtern betrachten. Wenn Sie eine Immobilie zu teuer kaufen, machen Sie über Jahrzehnte Verlust. Das in vielen Zeitschriften und Fachbüchern zu lesende Argument, der Eigentümer baue mit seinen monatlichen Raten ein Vermögen auf, stimmt nicht immer. Zum einen müssen Sie bedenken, dass eine Baufinanzierung über 30 Jahre mit enormen Zinszahlungen verbunden ist; zum anderen vernachlässigen Sie die so genannten Opportunitätskosten. Wenn Sie statt ein Haus zu kaufen, eine Mietwohnung beziehen und Ihr Kapital in Aktien anlegen, haben Sie am Ende wahrscheinlich ein viel größeres Vermögen, als jemand, der 30 Jahre lang ein Haus abbezahlt hat.

Eine wichtige Grundregel für Anleger lautet: Kaufen Sie das günstigste Gebäude in der allerbesten Lage mit dem besten Preis-Leistungs-Verhältnis. Studieren Sie dazu die lokalen Zeitungen und Anzeigenblätter, die häufig am Wochenende einen umfangreichen Immobilienteil haben. Verfolgen Sie die Preise über mehrere Monate und machen Sie sich Notizen. Je besser Sie informiert sind, desto größer ist Ihre Verhandlungsstärke gegenüber dem Eigentümer oder Immobilienmakler. Lassen Sie sich nie unter Zeitdruck setzen, denn selbst wenn es für Ihr Wunschobjekt bereits mehrere Interessenten gibt, werden Sie schnell andere Immobilien finden, die genauso schön und faszinierend sind. Falls Sie nun entgegnen, das sei alles ein enormer Aufwand, dann sollten Sie bedenken, dass für viele Anleger eine Investition von mehreren Hunderttausend Euro eine beträchtliche Summe ist. Viele Menschen widmen dem Kauf eines Autos oder der Buchung einer Urlaubsreise mehr Zeit und Anstrengungen als dem Kauf eines Hauses. Wenn Sie ein Haus oder eine Wohnung kaufen wollen, brauchen Sie mehrere Monate Vorlaufzeit, um alles gründlich zu sichten und Vergleichsanalysen anzufertigen. Kaufen Sie niemals überstürzt.

(4) Wenn Sie ein Objekt in die nähere Auswahl gezogen haben, sollten Sie auf jeden Fall einen vereidigten Sachverständigen – beispielsweise einen Architekten – heranziehen, der Ihnen den Wert der Immobilie schriftlich in einem Gutachten bestätigt. Sie mögen diese Ausgabe für zu hoch halten, aber angesichts der Anleger, die in den letzten Jahren Schrottimmobilien erworben haben und bis an ihr Lebensende ruiniert waren, sollten Sie vorsichtig sein und sich lieber noch einmal absichern. Auch wenn das Haus oder die Wohnung äußerlich in einem guten Zustand sind, können die Objekte enorme Mängel aufweisen – wie veraltete Stromleitungen, Wasserrohre oder gesundheitsschädlicher Schimmel in den Wänden. Überzeugen Sie sich, dass die Heizung noch den Umweltauflagen entspricht und Energie spart.

(5) Wenn Sie sich entschieden haben und kaufen wollen, sollten Sie besonders sorgfältig den Grundbuchauszug ansehen. Wenn dort irgendwelche Auffälligkeiten vorhanden sind, dürfen Sie sich nicht vom Immobilienmakler oder Eigentümer beschwichtigen lassen. Alles, was im Grundbuch steht, auch wenn es sich im Nachhinein als falsch herausstellen sollte, gilt. Es gab vereinzelt jahrelange Prozesse gegen das Grundbuchamt, wenn Mitarbeiter aus Versehen einen falschen Eintrag vorgenommen haben. In solch einem Fall gilt ausdrücklich die Eintragung im Grundbuch, denn Käufer und Verkäufer müssen davon ausgehen können, dass alle Angaben korrekt sind. Der Geschädigte kann nur Schadenersatz geltend machen, und häufig versuchen die Verursacher, ein Verschulden von sich zu weisen.

Lesen Sie daher den Grundbuchauszug genauestens durch und fragen Sie nach, wenn Ihnen etwas merkwürdig vorkommt. Wenn beispielsweise eine Grundschuld oder Hypothek eingetragen ist und der Eigentümer Ihnen wortgewaltig versichert, er habe sie längst abgetragen, dann glauben Sie es nicht. Jede Grundschuld und jede Hypothek, die im Grundbuch eingetragen ist, übernehmen Sie, sobald Sie die Immobilie gekauft haben, ganz gleich was Ihnen der Makler oder Eigentümer einzureden versucht. Dasselbe gilt für Wegerechte und andere Sonderfälle. Aus diesem Grund sollten Sie auch Ihren eigenen Notar auswählen; denn häufig arbeiten Immobilienmakler mit einem bestimmten Notar zusammen.

(6) Ein wichtiger Punkt beim Immobilienerwerb ist die Finanzierung. Sie können mit einer sorgfältigen Planung etliche zehntausend Euro sparen. Als erstes sollten Sie sich an Ihre Hausbank wenden und ein Finanzierungsangebot einholen,

denn dort kennt man aufgrund der monatlichen Kontoeingänge am besten Ihre finanziellen Verhältnisse. Besorgen Sie sich aber zusätzlich weitere Angebote von anderen Banken und vergleichen Sie die Konditionen. Auch im Internet gibt es inzwischen Hypothekenbanken, die Finanzierungen anbieten. Wenden Sie sich aber nur an seriöse Anbieter.

Die Banken vergeben seit einigen Jahren viel restriktiver Kredite und prüfen die Bonität der Kunden sehr viel sorgfältiger als früher. Der Grund dafür ist Basel II, eine internationale Übereinkunft, die Banken verpflichtet, alle vergebenen Kredite individuell abzusichern. Daher kann es sein, dass wenn Ihre Zahlungsfähigkeit ungünstig eingestuft wird, Sie mit höheren Kreditzinsen belastet werden. Planen Sie deshalb für die Finanzierung mehrere Wochen ein, da Sie mit mehreren Banken sprechen sollten. Viele Anleger denken vielleicht, dass es kaum einen Unterschied macht, ob ein Kredit 5,3 oder 5,4 Prozent kostet. Aber auf einen Zeitraum von 30 Jahren kann sich der Unterschied auf mehrere zehntausend Euro summieren. Es mutet seltsam an, dass einige Menschen bei einem Flug nach Barcelona um 5 Euro feilschen, aber bei der Baufinanzierung mit einem Federstrich Zehntausende von Euro gleichsam in den Wind schreiben. Scheuen Sie sich deshalb nicht, viele Angebote einzuholen und mit Ihrer Bank zu verhandeln. Weisen Sie ohne diplomatische Scheu auf das Konkurrenzangebot hin. Aufgrund des langen Finanzierungszeitraums zählt jedes Zehntel bei den Zinsen. Sie sollten Ihr Augenmerk auch auf die vertraglichen Details richten und andere Gebühren berücksichtigen. Diese können den Kredit erheblich verteuern. Ein besonderer Trick mancher Banken ist es, Ihnen den Kredit nur zu bewilligen, wenn Sie zusätzlich teuere Berufsunfähigkeits- und Risikolebensversicherungen abschließen. Wenn eine Bank dies zur Bedingung macht, sollten Sie zu einem anderen Kreditinstitut wechseln. In den meisten Fällen werden Sie es nicht umgehen können, dass Sie eine Risikolebensversicherung abschließen müssen. Aber Sie sollten die Versicherung selbst wählen können, denn die Offerten der Banken sind meist sehr viel teurer und von den Konditionen ungünstiger als die Angebote von Direktversicherungen.

Besonders gute Verträge zeichnen sich dadurch aus, dass sie auf Vorfälligkeitsentschädigungen verzichten, d.h. wenn Sie beispielsweise eine Erbschaft bekommen, können Sie einen Teil des Kredits vorzeitig ablösen. Die meisten Banken bestehen jedoch darauf, dass für die vorzeitige Tilgung wegen der entgangenen Zinsen eine Entschädigung zu entrichten ist.

(7) Bei der relativ beliebten Finanzierung durch Bausparkassen sollten Sie einige Aspekte beachten: Die Bausparkassen können keine verbindliche Zusage für den genauen Zeitpunkt der so genannten Zuteilung machen. Auch wenn Ihr Berater Ihnen dies treuherzig in Aussicht stellt, sollten Sie es nicht glauben. Eine solche Zusage ist unzulässig, denn die Bausparkassen sind auf die Gelder von Neukunden angewiesen, um Bauspardarlehen auszahlen zu können. Aufgrund

der Kundenentwicklung kann das Zuteilungsdatum nur ungefähr prognostiziert werden. Eine Baufinanzierung mit Bauspardarlehen ist daher nie mit einem exakten Datum zu verbinden. Wenn Sie Glück haben, bekommen Sie das Darlehen ein paar Wochen später; falls Sie Pech haben, zieht sich die Finanzierung noch etliche Monate hinaus. In solchen Fällen bieten die Bausparkassen eine Zwischenfinanzierung an, die aber sehr viel kostspieliger als eine herkömmliche Immobilienfinanzierung ist. Bei der Zwischenfinanzierung handelt es sich um einen normalen Kredit, der mit sehr viel höheren Zinsen zu Buche schlägt. Eine Finanzierung durch Bauspardarlehen hat noch weitere Nachteile; obwohl manche Bausparkassen bereits Darlehenszinsen von 2 Prozent anbieten und eine Sondertilgung jederzeit möglich ist, liegt das Problem in der Laufzeit. Während Bankdarlehen regelmäßig sich über dreißig Jahre erstrecken, werden Bauspardarlehen bereits nach 11 Jahren vollständig getilgt. Zwar hat das den Vorteil, dass Sie viel weniger Zinsen zahlen und der Zinssatz während der ganzen Zeit konstant bleibt, aber die Tilgung ist auch entsprechend hoch, damit Sie in dieser kurzen Zeit das ganze Darlehen zurückzahlen können. In der Praxis liegt der Anteil des Bauspardarlehens daher nur bei 10 bis 20 Prozent des gesamten Volumens; der Rest wird über ein Bankdarlehen finanziert.

Auch wenn die Bausparfinanzierung etliche Vorteile bietet (niedriger und konstanter Zins, schnelle Tilgung, Absicherung an zweiter Stelle im Grundbuch, mögliche Sondertilgungen), müssen Sie auch hier die Opportunitätskosten berücksichtigen. Bevor Sie nämlich das Bauspardarlehen zugeteilt bekommen, müssen Sie in der Ansparphase erst eine gewisse Summe in einem vorgegebenen Zeitraum erreichen. In dieser Ansparphase erhalten Sie auf Ihre eingezahlten Gelder nur einen Guthabenzins von 1 bis 2 Prozent. Die genaue Höhe richtet sich nach dem Modell, das Sie gewählt haben. Je höher der Guthabenzins liegt, desto höher ist später der Kreditzins. So gibt es beispielsweise Bausparkassen, die Guthabenzinsen von 4 Prozent anbieten. Solche Modelle eignen sich aber eher für Sparer, die später auf das Bauspardarlehen verzichten und nur die staatlichen Prämien in Anspruch nehmen wollen. Wenn Sie hingegen das Geld für die Finanzierung über Aktienfonds, REITs oder Immobilienzertifikate ansparen, haben Sie eine höhere Rendite als einen Guthabenzins von 1 oder 2 Prozent. Natürlich müssen Sie gegenrechnen, ob dies den Nachteil eines höheren Kreditzinses ausgleicht, wenn Sie ein Bankdarlehen aufnehmen. Während die Kreditzinsen bei Bauspardarlehen bei 2 Prozent liegen, je nach Bausparvariante, müssen Sie bei der Bank mit mindestens 5 Prozent rechnen. Die Höhe der Kreditzinsen hängt von der Umlaufrendite und den Leitzinsen der Europäischen Zentralbank ab.

Sie können natürlich den Betrag über renditestarke Wertpapiere wie Aktienfonds, Immobilienzertifikate oder Anleihen ansparen und dann auf einmal in einen Bausparvertrag einbezahlen. Aber aufgrund des Geschäftsmodells der

Bausparkassen ist Ihr Darlehen erst zuteilungsreif, wenn Sie eine bestimmte Punktzahl erreicht haben, und dies ist erst nach einer bestimmten Wartezeit möglich, d.h. selbst wenn Sie alles einbezahlen, müssen Sie in der Regel mindestens zwei Jahre auf die Zuteilung warten. Eine sofortige Zwischenfinanzierung wäre dann wieder mit höheren Zinsen verbunden. Sie sehen, die Immobilienfinanzierung ist ein komplexes und vielschichtiges Thema. Nehmen Sie sich daher mehrere Wochen Zeit und prüfen Sie alle Angebote eingehend.

Falls Sie bereits ein Haus oder eine Eigentumswohnung haben oder keine Immobilie direkt erwerben wollen, müssen Sie dennoch nicht auf die Renditen verzichten, die im Immobiliensektor zu erzielen sind. Es gibt eine Reihe von Möglichkeiten, Geld in Immobilien anzulegen. Neben offenen und geschlossenen Immobilienfonds stehen Ihnen eine Reihe Immobilienaktien und die neuen REITs zur Verfügung. Darüber hinaus können Sie Immobilienzertifikate kaufen, denen eine Auswahl verschiedener Immobilienaktien oder ein Immobilienindex zugrunde liegt.

3.2   Immobilienindizes

Immobilienindizes vollziehen die Kursentwicklung einer Vielzahl von REITs oder Immobiliengesellschaften nach. Die breite Streuung der Indizes auf 20 oder mehr Gesellschaften verringert das Risiko spürbar. Darüber hinaus gibt es Indizes, die sich auf ganze Regionen beziehen und so das Risiko über mehrere Länder streuen. Einer der größten und wichtigsten Anbieter von Immobilienindizes ist Global Property Research (GPR), eine Tochtergesellschaft der niederländischen Fondsgesellschaft Kempen & Co.

Beispielsweise gibt es den GPR 250 Index, der die größten weltweit börsennotierten Immobiliengesellschaften und REITs widerspiegelt. Aus dem GPR 250 Index werden regionen- und länderspezifische Indizes wie der GPR 250 Germany oder der GPR 250 Europe abgeleitet.

3.2.1   Der Deutsche Immobilien-Index

Der DIX oder Deutsche Immobilien-Index ist ein Performanceindex, der die Wertentwicklung deutscher Immobilien erfasst und der jährlich von der DID Deutschen Immobilien Datenbank GmbH veröffentlicht wird. Der Index ist im Immobilienbereich ähnlich bedeutsam wie der DAX für den deutschen Aktienmarkt.

Der DIX beruht auf den Auswertungen einer Vielzahl von Immobilien in Deutschland. Er umfasst 3.400 direkt gehaltene Immobilien, deren Spannbreite von Büros, Gewerbe- und Wohnimmobilien bis hin zu Objekten mit gemischter Nutzung reicht. Um die

Wertentwicklung des DIX zuverlässig und sorgfältig berechnen zu können, werden regelmäßig aktualisierte Informationen aufgenommen; zu diesen gehören:

- Grundstücksstammdaten wie Adresse, Erwerbsdatum und andere
- Mieteinnahmen, Erträge und Bewirtschaftungskosten
- über 35 relevante Daten der Grundstückswertermittlung
- Informationen über Modernisierungen und Projektentwicklungen
- Informationen über Käufe und Verkäufe von Grundstücken

Damit der DIX objektiv festgestellt werden kann, wird der Marktwert aller in der
Datenbank enthaltenen Grundstücke von Sachverständigen und Experten jährlich neu
ermittelt. Der Deutsche Immobilien-Index wird in verschiedene Subindizes aufge-
gliedert. Der Total Return Index bezieht sich auf die Gesamtverzinsung des durchschnittlich gebundenen Kapitals im betrachteten Zeitraum.

Die Renditeberechnung des Total Return kann in zwei verschiedene Komponenten
aufgefächert werden. Die Netto-Cash-Flow-Rendite ergibt sich aus den Mieteinnahmen, von denen die nicht auf die Mieter umgelegten Bewirtschaftungskosten des
Immobilienportfolios subtrahiert werden. Anschließend setzt man dieses Resultat in
Relation zu dem in dem Portfolio gebundenen Kapital.

Die andere maßgebliche Renditekomponente besteht in der Wertänderung der
Grundstücke, wobei wertverändernde Investitionen mit einbezogen werden.

Der DIX hat gegenüber anderen Ansätzen und Indexbildungen den entscheidenden
Vorteil, dass alle Daten auf den Originaldaten der zugrunde liegenden Immobilien
beruhen. Auch werden die Datensätze nicht sofort zu einzelnen Kennzahlen zusam-
mengefasst oder aggregiert, so dass die Zusammensetzung stets nachvollziehbar ist.
Der Index kann zudem in einzelne regionale Marktsegmente oder Nutzungsgruppen
aufgeteilt werden. Mit Hilfe von Plausibilitäts- und Validitätstests wird die Aussa-
gekraft des DIX noch weiter verbessert; daher kann der Deutsche Immobilienindex
sehr anschaulich die Wertentwicklung in Deutschland aufzeigen, zumal Aufwendungen wie Verwaltungs-, Instandhaltungs- und Betriebskosten in die Berechnung mit
einfließen und werterhöhende Investitionen berücksichtigt werden.

Dank des gesicherten Datenmaterials und der Detailfülle ist der DIX ein sehr zuver-
lässiger Wertmaßstab für den Immobilienmarkt in Deutschland.

3.2.2   Der EPRA-Index

Der international übliche EPRA-Index beschreibt die Wertentwicklung der größten
europäischen und nordamerikanischen börsennotierten Immobiliengesellschaften.

Die für die Erstellung verantwortliche European Public Real Estate Association
(EPRA) hat ihren Sitz in Amsterdam und vertritt als Organisation die Interessen der
europäischen Immobiliengesellschaften.

3.2.3   Wertentwicklung in den letzten Jahren

Die Performance der deutschen Immobilienwerte ist in den letzten Jahren erstaunlich
gewesen. Der auf den Immobiliensektor bezogene Branchenindex DIMAX schnitt
2005 mit einem Zuwachs von fast 40 Prozent deutlich besser ab als der DAX. Der
DIMAX umfasst 48 deutsche Immobilienaktien und konnte sich seit 2005 stets besser behaupten als der DAX.

Auch in Zukunft werden sich deutsche Immobilienaktien überdurchschnittlich entwickeln, wenngleich eine leichte Konsolidierung nach 2007 zu erwarten ist, da in
den USA eine Immobilienkrise herannaht.

Wegen der Leitzinserhöhungen der Federal Reserve, der amerikanischen Notenbank,
sind viele Eigentümer nicht mehr in der Lage ihren Kreditverpflichtungen nachzu-
kommen. Deshalb nimmt in den USA die Zahl der Zwangsversteigerungen und Verkäufe deutlich zu. Der deutsche Immobilienmarkt hat den Vorteil, dass hierzulande
Immobilien relativ günstig bewertet sind. Im Vergleich zum britischen, australischen
oder amerikanischen Markt sind Häuser und Grundstücke in Deutschland nicht zu
teuer. Obwohl auch der deutsche Immobilienmarkt von dem Boom in den letzten
Jahren profitieren konnte, war die Performance nicht so ausgeprägt wie in anderen
Ländern. Deutschland hat hier noch erheblichen Nachholbedarf. Die weltweite Börsenkapitalisierung von Immobilienaktien wird in den nächsten Jahren um voraus-
sichtlich zehn Prozent steigen. Deutschland hat dabei mit das größte Potenzial, zumal
die Einführung von REITs die Entwicklung noch beschleunigen und fördern wird.
Deutsche Immobiliengesellschaften sind im europäischen und weltweiten Vergleich
nur von sekundärer Bedeutung; doch durch das erwartete Wachstum des Boommark-
tes könnte die Börsenkapitalisierung innerhalb eines Jahrzehnts auf ein Drittel der
gesamten europäischen Branche anwachsen.

Innerhalb von zehn Jahren erbrachten Immobilienaktien in einem weltweit gestreuten
Portfolio eine jährliche Rendite von über 13,5 Prozent. Dieser Wert liegt deutlich
über der Performance der meisten Aktienmärkte, die besonders durch den Niedergang der New Economy und dem Verfall der Technologie- und Internetwerte drastische Einbußen erlitten. Noch im Jahre 2007 stand der DAX weit unter seiner
Höchstmarke, die er im Jahre 2000 erreicht hatte. Viele Anleger haben daher ihr
Geld aus Aktieninvestments abgezogen und für sich den lukrativen Immobilienmarkt
entdeckt.

4 Immobilienfonds

Immobilienfonds sind Investmentfonds, die es Anlegern gestatten, sich mit kleinen Beträgen an Immobilien zu beteiligen. Man unterscheidet offene Immobilienfonds, geschlossene Immobilienfonds und Spezial-Immobilienfonds.

4.1 Offene Immobilienfonds

Bei einem offenen Immobilienfonds handelt es sich um Immobiliensondervermögen mit mindestens 15 Immobilien, das von einer Kapitalanlagegesellschaft (KAG) betreut und verwaltet wird.

Die Kapitalanlagegesellschaft ist ein Spezialkreditinstitut und untersteht der strengen Kontrolle durch die Bundesanstalt für Finanzdienstleistungsaufsicht (BaFin) in Berlin.

Die Fonds unterliegen in Deutschland dem Investmentgesetz (InvG). Sie müssen Vorschriften beachten, die dem Schutz des Anlegers bei der Anlagepolitik, der Darstellung des Fondsvermögens und der Publizitätspflicht dienen. Die Depotbank und ein unabhängiger Gutachterausschuss kontrollieren die Kapitalanlagegesellschaften.

Die Kapitalanlagegesellschaft verwaltet treuhänderisch das Fondsvermögen, bewirtschaftet aber nicht selbst die Gebäude. Die Kosten, die der Kapitalanlagegesellschaft entstehen, werden durch einen Ausgabeaufschlag abgedeckt, der zwischen 5 und 5,5 Prozent liegen kann. Das heißt, es gibt für jeden Immobilienfondsteil einen Ausgabe- und einen Rücknahmepreis. Der Rücknahmepreis liegt dann um 5 oder 5,5 Prozent niedriger als der Ausgabepreis. In Deutschland ist es vorgeschrieben, dass die Kapitalanlagegesellschaft die Rechtsform einer GmbH oder Aktiengesellschaft haben und über ausreichend Eigenkapital verfügen muss. Zur Gründung eines Fonds benötigt sie mindestens 2,5 Millionen Euro als Anfangskapital, das vollständig eingezahlt werden muss. Wenn das Fondsvermögen mehr als drei Milliarden Euro beträgt, muss die Kapitalanlagegesellschaft zusätzliche Eigenmittel vorweisen können, die 0,02 Prozent der Summe ausmachen, die die Drei-Milliarden-Grenze überschreitet.

Eine Depotbank verwaltet die Mittel des Fonds und gibt die Fondsanteile aus, die der Kunde kaufen kann.

Offene Immobilienfonds erwerben vorwiegend Gewerbeimmobilien (häufig Bürogebäude oder Einzelhandelsimmobilien). Die Rendite dieser Fonds ergibt sich durch Mieterträge und Wertsteigerungen der Immobilien.

Die Fondsanteile können täglich ge- und verkauft werden; damit der Handel jederzeit möglich ist, halten offene Immobilienfonds nicht nur Gebäude und Grundstücke, sondern auch Anleihen als andere schnell liquidierbare Anlagen; ein Teil des Vermögens wird gleichsam nur auf dem Geldmarkt geparkt, denn es muss stets gewährleistet sein, dass Anleger täglich ihre Fondsanteile einlösen und zu Geld machen können. Die Liquiditätsreserve eines offenen Immobilienfonds muss mindestens fünf Prozent des Fondsvermögens ausmachen, darf aber die Grenze von 49 Prozent nicht übersteigen, da der Fonds sonst überwiegend in verzinsliche Wertpapiere investierte und somit eher ein Renten- oder Geldmarktfonds wäre.

Wenn die Liquiditätsreserve unter 5 Prozent fällt, muss die zuständige Kapitalanlagegesellschaft den Immobilienfonds vorübergehend schließen, denn unter diesen Umständen ist nicht garantiert, dass Anleger ihre Anteile jederzeit zurückgeben können. Eine solche Maßnahme löst bei den Anlegern meist Unruhe aus und führt dazu, dass noch mehr Investoren ihre Fondsanteile veräußern möchten. Da bei offenen Immobilienfonds die Fondsanteile börsentäglich verkauft werden können, kann der Immobilienfonds in eine schwierige Situation geraten, was in den letzten Jahren gelegentlich auftrat.

Wenn Anleger aufgrund einer Verunsicherung mehr Anteile zurückgeben, als flüssige Mittel vorhanden sind, dann muss die Kapitalanlagegesellschaft handeln. Sie hat dabei zwei Möglichkeiten: Entweder sie nimmt zusätzliche Kredite auf, um die Anleger sofort ausbezahlen zu können, oder sie verkauft Immobilien aus ihrem Bestand. Eine zusätzliche Kreditaufnahme, die ohnehin nur bis zu 50 Prozent des Immobilienbestandes zulässig ist, führt zu erhöhten Zinsaufwendungen, die die Rendite des Immobilienfonds beeinträchtigen.

Bei einem überstürzten Verkauf von Immobilien entstehen Probleme am Markt. Viele Immobilienfonds verwalten Grundstücke und Gebäude im Wert von etlichen Millionen; bisweilen kann sogar die Milliardengrenze überschritten werden. Eine zügige Veräußerung ist häufig schwierig, da auch der Verkauf großer Immobilien längere Zeit in Anspruch nimmt. Durch den Verkaufsdruck des Fonds sinkt außerdem der zu erzielende Preis.

Die Objekte im Immobilienbestand werden jedoch nicht zum Marktwert, der permanenten Schwankungen unterliegt, verbucht, sondern zu einem speziellen Verkehrswert, der nach § 194 BauGB berechnet wird. Dieser Verkehrswert wird von sachkundigen und unabhängigen Gutachtern anhand der Kosten und der erzielten Mieterträge festgestellt. Er ist vom Ertragswert abhängig, der nach der deutschen Wertermittlungsverordnung berechnet wird. Alle für den Wert maßgeblichen wirtschaftlichen und rechtlichen Gesichtspunkte, zu denen auch die Nachhaltigkeit der

Mieten gehört, werden berücksichtigt. Trotz der eng gezogenen Vorgaben haben die Gutachter einen gewissen Spielraum bei der Einschätzung des Wertes. Auch in schwierigen Zeiten oder unter hohem Verkaufsdruck, wenn viele Anleger ihre Anteile einlösen wollen, darf der Immobilienfonds aus Gründen des Anlegerschutzes die Immobilien nicht unter dem festgestellten Verkehrswert veräußern.

In einer solchen Krisensituation werden vor allem die erstklassigen Objekte verkauft, da diese in einer solchen Konstellation noch einen Preis erreichen, der über dem Verkehrswert liegt. Der Nachteil eines solchen plötzlichen Ausverkaufs der „Filetstücke" besteht darin, dass die Rendite weiter sinkt, da die verbleibenden Objekte im Portfolio weniger ertragsstark sind.

Die Anlage in Immobilienfonds kann für den Anleger vorteilhaft sein. Ein Teil der Rendite eines offenen Immobilienfonds beruht auf den Wertsteigerungen der Objekte. Dieser Anteil ist steuerfrei, wenn die Spekulationsfrist beachtet wurde. Der restliche, auf die Mieteinnahmen entfallende Gewinn, wird als Einkünfte aus Kapitalvermögen besteuert.

In Deutschland gibt es etliche Kapitalanlagegesellschaften, die Anteile an offenen Immobilienfonds herausgeben. Beispiele für Kapitalanlagegesellschaften in diesem Bereich:

- Commerz Grundbesitz Investmentgesellschaft mbH
- Credit Suisse Asset Management Immobilien Kapitalanlagegesellschaft mbH
- DB Real Estate Investment GmbH
- DEFO Deutsche Fonds für Immobilienvermögen GmbH
- DEGI Deutsche Gesellschaft für Immobilienfonds mbH
- Deka Immobilien Investment GmbH
- DIFA Deutsche Immobilien Fonds AG
- HANSAINVEST Hanseatische Investment-GmbH
- iii-investments
- SEB Immobilien-Investment GmbH
- WestInvest Gesellschaft für Investmentfonds mbH

Der offene Immobilienfonds wurde bereits 1938 in der Schweiz entwickelt. Im Jahre 1959 legten die Bayerische Hypotheken- und Wechsel-Bank sowie die Bayerische Vereinsbank einen ersten offenen Immobilienfonds in Deutschland auf. Seit Ende der 1960er erfreuen sich offene Immobilienfonds hierzulande großer Beliebtheit. Zwischen 1972 und 2006 stieg die Anzahl der offenen Immobilienfonds in Deutschland von acht auf 31. Auch Spanien und Österreich, das den offenen Immobilienfonds erst 2004 eingeführt hat, kennen diese Anlageform. In Frankreich heißt die 2006 eingeführte Anlageform „*Organismes de placement collectif dans l'immobilier*" oder OPCI.

4.1.1 Das Fondsvermögen

Die Immobilienfonds sind im Grunde Sammelstellen für Geld, das dann gezielt in Immobilien investiert wird. Der Schwerpunkt liegt im Bereich von Gewerbeimmobilien, zu denen Einkaufszentren, Bürogebäude oder Hotels zählen. In Wohnimmobilien wird nur äußerst selten investiert, da die dort zu erzielende Rendite niedriger liegt. Neben der Verwaltung von Bestandsimmobilien beteiligen sich offene Immobilienfonds auch an der Projektentwicklung. Im Durchschnitt können im Bestand von Fonds nicht selten mehr als 150 Gebäude und Grundstücke sein. Das Management legt großen Wert darauf, das Risiko durch verschiedene Standorte zu streuen. Darüber hinaus ist es vorgeschrieben, dass ein Fonds mindestens zehn verschiedene Gebäude oder Grundstücke im Portfolio haben muss, um eine Mindeststreuung zu gewährleisten. Eine weitere Restriktion besteht darin, dass keine Immobilie mehr als 15 Prozent des Fondsvermögens überschreiten darf. Grundstücke, die gerade bebaut werden, sollen nicht mehr als 20 Prozent des Gesamtvermögens ausmachen. Es dürfen höchstens 30 Prozent in Liegenschaften in Ländern angelegt werden, die eine Fremdwährung haben, die nicht durch Devisengeschäfte abgesichert ist. Auch die Beteiligung an Immobiliengesellschaften ist auf 20 Prozent beschränkt. Eine Ausnahme gibt es jedoch: Wenn das Management an der Immobiliengesellschaft eine Kapitalmehrheit besitzt, dann ist die Beteiligung bis zu 49 Prozent möglich.

Aufgrund dieser vielfältigen Einschränkungen und Absicherungen gelten offene Investmentfonds als relativ sichere Anlageform. Das einzige Problem, das sich in den letzten Jahren ergab, war, dass viele Anleger plötzlich ihre Fondsanteile veräußern wollten, was die Fonds in Bedrängnis brachte. Einige Fonds mussten über mehrere Wochen geschlossen werden.

Offene Immobilienfonds sind auch in Deutschland Eigentümer relativ bekannter Gebäude wie beispielsweise des renommierten Chilehauses in Hamburg oder des Neuen Kranzler Ecks in Berlin, das einen legendären Ruf als Café genießt.

4.1.2 Die Fondsanteile

Die Fondsanteile an offenen Immobilienfonds nennt man auch Immobilienfonds-Zertifikate; sie sollten aber keineswegs mit den gängigen Zertifikaten verwechselt werden, die es auf Aktienindizes, einzelne Aktien, Rohstoffe und andere zugrunde liegende Werte (Underlyings) gibt. Die Fondsanteile verbriefen einen Bruchteil am gesamten Fondsvermögen. Meistens liegt ihr Mindestwert bei 50 Euro. Es gibt offene Immobilienfonds, die fast eine halbe Million Anteile herausgegeben haben.

Die Fondsanteile von offenen Immobilienfonds, und das ist eines der wichtigsten Kriterien zur Unterscheidung von offenen und geschlossenen Immobilienfonds, müssen jederzeit von der Kapitalanlagegesellschaft zurückgenommen werden. Genau wie bei anderen Investmentfonds (Aktien- oder Rentenfonds) gibt es einen Ausgabeaufschlag, so dass man zwischen Ausgabe- und Rücknahmepreis unterscheidet. Die Rücknahmepreise werden von der zuständigen Depotbank börsentäglich berechnet und bekannt gegeben. Das Nettofondsvermögen, das sich aus dem von den Gutachtern ermittelten Verkehrswert des Immobilienbestandes und der vorhandenen Liquiditäts-reserve abzüglich der Verbindlichkeiten und Rückstellungen ergibt, wird ermittelt und durch die Zahl der ausgegebenen Anteile dividiert.

4.1.3   Die Ausschüttung

Bevor die Mieteinnahmen und andere Erträge an die Anleger ausgeschüttet werden, zieht die Kapitalanlagegesellschaft verschiedene Posten ab. Hierzu gehören vor allem die Zinsaufwendungen und Tilgungen, aber auch Bewirtschaftungs-, Instandhaltungs- und Verwaltungskosten. Ein weiterer Punkt sind die Abschreibungen am Immobilienbestand.

Bei den offenen Immobilienfonds unterscheidet man hinsichtlich der Ausschüttungen zwei Varianten: Manche Fonds reinvestieren sofort wieder die erzielten Mieteinnahmen und Erträge in neue Immobilien. Diese Fonds werden als thesaurierende (nicht ausschüttende) Fonds bezeichnet. Die nicht ausgeschütteten Erträge und Einnahmen führen unmittelbar zu einer Wertsteigerung des Anteils. Bei ausschüttenden Fonds hingegen bedingt die Ausschüttung, dass am Tag danach der Kurs des Anteils leicht einknickt, aber anschließend wieder langsam ansteigt. Experten nennen dieses Verlaufsmuster des Kurses eine „Sägezahnkurve".

Wenn man die beiden Varianten vergleicht, so sind in der Regel thesaurierende Fonds vorteilhafter, wenngleich viele ältere Anleger eine regelmäßige jährliche Ausschüttung bevorzugen. Thesaurierende Fonds sind aber dennoch besser, denn der Anleger muss sich nach der Ausschüttung keine Gedanken über die Wiederanlage des Geldes machen. Dies ist vor allem dann problematisch, wenn das Geld erneut in einen Fonds investiert wird; dann wird jedes Mal der hohe Ausgabeaufschlag fällig, der die Rendite beträchtlich mindert. Allerdings gewähren die meisten Kapitalanlagegesellschaften innerhalb einer bestimmten Frist nach der Ausschüttung einen großzügigen Wiederanlagerabatt für denselben Fonds. Da bei thesaurierenden Fonds die Ausschüttung sofort wieder reinvestiert wird, ergibt sich ein Zinseszinseffekt, der bei ausschüttenden Fonds nicht gegeben ist. All diese Argumente sprechen eher für den thesaurierenden Fonds.

4.1.4   Die Wertentwicklung

Die Wertentwicklung offener Immobilienfonds resultiert aus der jährlichen Ausschüttung und der Wertentwicklung des Immobilienbestandes und der in Anleihen oder auf dem Geldmarkt angelegten Liquiditätsreserve. Zwischen 1975 und 2003 lag die Wertentwicklung offener Immobilienfonds nach Angaben des Bundesverbandes

Investment und Asset Management (BVI) zwischen 5,6 und 3,3 Prozent. Das beste Jahr war 1992, als die offenen Immobilienfonds unmittelbar nach der Wiedervereinigung eine Spitzenrendite von 9,4 Prozent vorweisen konnten. Seit der Einführung von Investmentfonds in Deutschland Ende der 1950er Jahre hat es noch nie eine Negativrendite gegeben.

Aufgrund ihrer hohen Sicherheit eignen sich offene Immobilienfonds vor allem für konservativ eingestellte Anleger, die eine durchschnittliche Rendite erzielen möchten. Der Vorteil von offenen Immobilienfonds besteht darin, dass sie jederzeit börsentäglich verkauft werden können und dass die Preisentwicklung aufgrund der unabhängigen Gutachter sehr transparent ist. Im Vergleich zu Anlagen in Aktien oder verzinslichen Wertpapieren zeichnen sich Immobilien durch Wertbeständigkeit und eine kontinuierliche Wertsteigerung aus.

Jedoch haben offene Immobilienfonds auch eine Reihe von Nachteilen, die man als Anleger beachten sollte. In Krisensituationen kann es für das Fondsmanagement problematisch sein, viele Anteile sofort zurückzunehmen, da sich Immobilien nicht sofort wie Aktien oder Anleihen verkaufen lassen. In der Vergangenheit mussten manche offenen Immobilienfonds über Wochen gesperrt werden, um die nötige Liquidität zu erreichen.

Die Rendite lag in der Vergangenheit zwischen 3,3 und 5,6 Prozent. Im Vergleich zu Aktien oder Anleihen ist dies relativ bescheiden, denn mit Aktien konnte man je nach Land und Branche 10 bis 14 Prozent jährlich erzielen, wenn man das Aktiendepot über mehrere Jahrzehnte hielt. Bei Anleihen war die Rendite niedriger, aber sie lag immer noch zwischen 5 und 7 Prozent, wenn auch ausländische Bonds mit einbezogen wurden.

Die Rendite von offenen Immobilienfonds liegt daher bestenfalls knapp über der Verzinsung von Termingeldern, Sparguthaben und niedrig verzinslichen Anleihen. Mit den meisten anderen Anlageformen können offene Immobilienfonds nicht konkurrieren. Erschwerend kommt hinzu, dass die Ausgabeaufschläge in der Regel bei 5 Prozent liegen. Wenn der Fonds im ersten Jahr eine Wertentwicklung von 4 Prozent erreicht, dann hat man dennoch einen Verlust eingefahren, denn allein der Ausgabeaufschlag beträgt 5 Prozent. Bei solch hohen Gebühren muss man einen offenen Investmentfonds über etliche Jahre halten, damit allein der hohe Ausgabeaufschlag sich über einen längeren Zeitraum verteilt.

Sie können die Gebühren deutlich reduzieren, indem Sie Ihre Immobilienfondsanteile über eine Direktbank kaufen. Direktbanken sind meist Tochtergesellschaften renommierter Kreditinstitute, die Anlegern hohe Rabatte einräumen. Bei vielen Direktbanken zahlen Sie anstelle von 5 Prozent nur einen Ausgabeaufschlag von 2,5 Prozent. Dafür erhalten Sie anders als bei Ihrer Hausbank keine ausführliche Beratung, da Direktbanken meist nur über das Internet oder telefonisch erreichbar sind.

Als Anleger sollten Sie gründlich überlegen, ob offene Immobilienfonds für Sie in Frage bekommen. Durch die hohen Gebühren müssen Sie sehr lange warten, bis Ihr Fonds in die Gewinnzone kommt. Bedenklich bleibt auch, dass manche Fonds Probleme haben, bei hohem Verkaufsdruck die Anteile rechtzeitig einzulösen.

Zwar ist die Rendite eher mäßig bis durchschnittlich, wenn man sie mit der Aktienanlage vergleicht, doch dafür gelten Immobilien als Anlageklasse als relativ sicher und überaus wertbeständig. Ein weiteres positives Argument ist, dass Immobilien nicht mit anderen Anlageklassen wie Aktien, Rohstoffen oder Anleihen korrelieren, d.h. selbst wenn der Aktien- oder Rentenmarkt eine Krise durchläuft, können Immobilien einen Boom erleben; denn häufig weichen Anleger und Investoren auf den Immobilienmarkt aus, wenn Aktien fallen oder Anleihen nicht genügend Zinsen abwerfen.

Wenn Sie aber höhere Renditen erwarten, sollten Sie besser auf andere Anlageformen im Immobiliensektor wie auf Immobilienzertifikate, REITs oder Immobilienaktien ausweichen. Zwar sind diese Anlageformen viel schwankungsanfälliger und riskanter, aber die erreichbare Rendite ist wesentlich höher als bei offenen Immobilienfonds.

Offene Immobilienfonds zeichnen sich vor allem durch die hohe Wertbeständigkeit und kontinuierliche Wertsteigerungen aus. Ein großer Nachteil sind aber die hohen Gebühren.

4.1.5   Die Krise der offenen Immobilienfonds

Lange Zeit galten offene Immobilienfonds unbestritten als sichere Form der Geldanlage, die besonders bei konservativ ausgerichteten Anlegern hohen Zuspruch fand. Zwischen Januar 2000 und Juli 2003 erreichten Spitzenfonds einen Zuwachs von 18 Prozent, und selbst durchschnittliche Fonds erbrachten im betrachteten Zeitraum eine Wertsteigerung von immerhin 15 Prozent. Zwar ist diese Rendite bescheiden, wenn man sie mit jener vergleicht, die im Durchschnitt mit Aktien zu erzielen war. Aber zwischen dem Jahr 2000 und 2003 kam es zu einer schweren Krise der so genannten New Economy, die alle Technologie- und vor allem Internettitel in Mitleidenschaft zog. Am Neuen Markt gab es dramatische Kursverluste von bis zu 90 Prozent. Aber auch die im DAX zusammengefassten Standardwerte büßten einen Großteil ihres Wertes ein. Der DAX fiel von über 8000 Punkten auf 2500 Punkte im März 2003. Insofern ist die relative gute Wertentwicklung der offenen Immobilienfonds ein Beleg dafür, wie stark sich der Immobiliensektor von den Aktienmärkten abkoppeln kann, denn im selben Zeitraum erzielten Anleger, die auf offene Immobilienfonds gesetzt hatten, immerhin einen Wertzuwachs von 15 Prozent. Immobilien sind als Anlageklasse insofern eine gute Beimischung für jedes Depot. Allerdings sollten

Anleger bedenken, dass es neben offenen Immobilienfonds noch andere Anlagemöglichkeiten im Immobiliensektor gibt.

In den letzten Jahren sind doch gerade die einst als sicher und wertbeständig geltenden offenen Immobilienfonds in die Schlagzeilen geraten. Eine der Gründe dafür ist, dass viele Fonds vor allem auf langfristige Mietverträge setzten. Denn dadurch war man gegen Mietausfälle oder Mietrückgänge geschützt. Als besonders vorteilhaft wurden Mietverträge mit einer Restlaufzeit von 10 oder 20 Jahren angesehen, da es bei Gewerbeimmobilien kein vorzeitiges Kündigungsrecht wie bei Wohnimmobilien gibt.

Dennoch entstanden Anfang 2004 immer mehr Schwierigkeiten im Immobiliensektor, da sich nun die Krise, die sich mit dem Zusammenbruch des Neuen Marktes und den Folgen des 11. Septembers 2001 in den USA angebahnt hatte, auch den Immobilienmarkt erreichte. Viele Bürogebäude waren plötzlich kaum noch zu vermieten, und insbesondere in Ostdeutschland oder anderen strukturschwachen Regionen standen viele Büros leer. Auch die erzielbaren Mieten bei Neuverträgen stagnierten oder fielen sogar deutlich. Die Ausschüttungen der betroffenen Fonds verringerten sich spürbar. Da viele Anleger befürchteten, die Gutachter könnten infolge der schwierigen Situation am Immobilienmarkt den Verkehrswert der Immobilien herabsetzen, wurden immer mehr Fondsanteile zurückgegeben. Für die Kapitalanlagegesellschaften besteht die Verpflichtung, die Anteile börsentäglich sofort zurückzunehmen und das Geld auszubezahlen. Doch die vorhandenen liquiden Mittel reichten dazu nicht aus. Nur die Immobilienfonds, die ihren Anlageschwerpunkt in ausländischen Wachstumsmärkten hatten, blieben von dieser Rückgabewelle verschont und freuten sich eher über zusätzliche Anleger, die vom Immobilienboom im Ausland profitieren wollten.

Nach einer mehrjährigen Krisenzeit erholten sich die offenen Immobilienfonds im Jahre 2007 wieder. Viele Anleger, die durch den Aktienmarkt verunsichert sind und nach dem langen Anstieg, der im Jahre 2003 begann, eine Konsolidierung befürchten, setzen wieder verstärkt auf offene Immobilienfonds.

Der Branchenverband BVI meldet für Januar 2007 einen Nettomittelabsatz von 1,9 Milliarden Euro. Das ist mit Abstand die höchste Summe in einem Monat seit vier Jahren. Insgesamt haben die Immobilienfonds im Januar 2007 eine Rekordsumme von mehr als 1,5 Milliarden Euro an die Anleger ausgeschüttet.

Ein besonders kritischer Fall war der offene Immobilienfonds Grundbesitz-Invest, der zur Deutschen-Bank-Tochter DB Real Estate gehört. Aufgrund einer drohenden Neubewertung des Immobilienbestandes durch Gutachter wurde der Fonds für mehrere Monate geschlossen, da immer mehr Anleger Anteile zurückgeben wollten. Von Dezember 2005 bis März 2006 blieb der Fonds geschlossen, was in der Geschichte der offenen Immobilienfonds in Deutschland einmalig ist. Als am 3 März 2006 Grundbesitz Invest wieder geöffnet wurde, waren inzwischen 1,36 Milliarden Euro aus dem Fonds abgeflossen. Die Anleger hatten aus Furcht vor massiven Wertberichtigungen Gelder abgezogen. Die Deutsche Bank verkaufte Immobilien im Wert von fast zwei Milliarden Euro aus dem Fonds Grundbesitz-Invest, um ihren Verpflichtungen gerecht zu werden. 61 Bürogebäude in Deutschland wurden an die Investmentgesellschaft Eurocastle veräußert. Glücklicherweise war die Panik der Anleger unberechtigt, denn die Abwertung betrug letztlich nur 2,4 Prozent. Nachdem der Fonds im März 2006 wieder eröffnet wurde, erreichte er im Restjahr sogar eine beachtliche Wertsteigerung von 8,6 Prozent.

Was aber blieb, war eine drastische Verunsicherung am Markt, die sich auf das gesamte Produkt offener Immobilienfonds übertrug. Zu einer Eskalation kam es auch, als die renommierte, auf Immobilienfonds spezialisierte Ratingagentur Scope für den Anbieter KanAm, der sich auf kanadische Immobilien konzentriert, eine deutliche Verkaufsempfehlung aussprach. Da die Anleger sofort ihre Mittel abzogen, musste die Rücknahme von Fondsteilen für kurze Zeit ausgesetzt werden, was die Verunsicherung noch beschleunigte. Inzwischen hat sich der Markt jedoch wieder beruhigt, und die offenen Immobilienfonds verzeichnen deutliche Mittelzuflüsse.

4.2 Immobilien-Aktienfonds

Wesentlich besser als offene Immobilienfonds schneiden Immobilien-Aktienfonds in der Renditeentwicklung ab. Bei diesen Fonds handelt es sich um Aktienfonds, die gezielt in die Immobilienbranche investieren. Allerdings unterscheiden sie sich von offenen Immobilienfonds dadurch, dass sie nicht direkt in Immobilien investieren und diese erwerben, sondern Aktien kaufen, die zu Immobiliengesellschaften gehören. Etliche Immobiliengesellschaften sowohl in Deutschland als auch im Ausland haben die Rechtsform einer Aktiengesellschaft.

Von der Anlageklasse her sind es primär Aktien, daher ist auch die Performance dieser auf den Immobiliensektor ausgerichteten Aktienfonds deutlich besser, aber auch riskanter. Während der Verkehrswert einer Immobilie durch unabhängige Gutachter festgelegt wird, hängt der Wert einer Aktie von der Einschätzung des Marktes ab. Auch eine börsennotierte Immobiliengesellschaft, die nur wenige Immobilien besitzt, kann an der Börse ein Vielfaches ihres Immobilienbestandes wert sein. Was an den Aktienmärkten zählt, ist nicht nur die Substanz, also das vorhandene Immobilienvermögen. Ausschlaggebend für das Kurspotenzial sind vor allem die Ertragsaussichten und die Zukunftsperspektiven des Unternehmens. Immobiliengesellschaften, die sich durch innovative Ideen und neuartige Projekte auszeichnen, werden an der Börse durch steigende Kurse belohnt.

Der Anleger sollte sich diesen Unterschied stets deutlich machen: Offene Immobilienfonds investieren direkt in Immobilien und erzielen daher nur eine Rendite, wie sie auf dem Immobilienmarkt üblich ist. Immobilien-Aktienfonds legen das Geld nicht direkt in Immobilien an, sondern in börsennotierte Immobiliengesellschaften. Das Risiko nimmt dadurch zu, denn Aktien können deutlich steigen oder fallen, auch wenn die Immobilienpreise sich konstant entwickeln. Der Wert einer Aktie hängt nämlich von einer Vielzahl von Faktoren ab, die nicht unmittelbar etwas mit dem Immobilienbestand zu tun haben. Vielmehr beachtet die Börse auch die Innovationsfähigkeit eines Unternehmens, die Kraft zur Innenfinanzierung, das Gewinnwachstum, das Kurs-Gewinn-Verhältnis, die Umsatz- und Eigenkapitalrendite und eine ganze Reihe anderer Aspekte. Der Aktienkurs einer börsennotierten Immobiliengesellschaft kann auch dann noch steigen, wenn der inländische Immobilienmarkt in eine Krise taumelt, denn solche Gesellschaften haben natürlich die Möglichkeit, auch im Ausland Liegenschaften zu erwerben oder durch Projektentwicklung zusätzliche Umsätze zu generieren.

Die Renditen, die daher mit Immobilien-Aktienfonds zu erzielen sind, sind mit denen auf dem Aktienmarkt vergleichbar. In den letzten Jahren konnten solche Aktienfonds trotz der Krise nach dem 11. September 2001 und dem drastischen Einbruch am Neuen Markt eine sehr gute Performance vorweisen. Viele Anleger, die durch die Kursturbulenzen an den internationalen Aktienmärkten und vor allem bei Technologiewerten verunsichert waren, wandten sich dem Immobilienmarkt zu und kauften Immobilien. Dank der niedrigen Leitzinsen, die vor allem in den USA im Jahr 2001 einsetzten, kam es zu einem regelrechten Boom am Immobilienmarkt, von dem besonders die börsennotierten Immobiliengesellschaften mit ihren vielfältigen Aktivitäten profitierten.

Fonds	ISIN	Fondsvolumen	Wertzuwachs 3 Jahre
Henderson Pan Europ. Property	LU0088927925	1,2 Mrd. Euro	162,4 Prozent
Amadeus Europ. Real Estate	IE0030896207	61,1 Mio. Euro	145,4 Prozent
CS European Property	LU0129337381	289,7 Mio. Euro	126,2 Prozent
AXA Aédificandi AC	FR0000172041	1210,4 Mio. Euro	153,8 Prozent
Fortis Real Estate Europe	LU0153635098	1058 Mio. Euro	135,9 Prozent

Abb. 1: Ausgewählte Immobilien-Aktienfonds, Stand: März 2007

In den vergangenen Jahren konnten insbesondere europäische Immobilien-Aktienfonds beeindruckende Wertsteigerungen verbuchen, die selbst die boomenden Aktienmärkte in Osteuropa, Lateinamerika oder China übertrafen. So erzelte der in ganz Europa investierende Henderson Pan European Property Aktienfonds einen Wertzuwachs von über 162 Prozent innerhalb von drei Jahren.

Anleger, die sich für Immobilien-Aktienfonds interessieren, sollten den Markt genau beobachten und vor allem auf lukrative Immobilienmärkte setzen, die sich noch am Anfang der Wertentwicklung befinden. Langfristig haben sicherlich noch der osteuropäische und der chinesische Immobilienmarkt Nachholbedarf. Für Anleger, die Sicherheit in den Vordergrund stellen, ist es empfehlenswert, einen Immobilien-Aktienfonds zu wählen, der international anlegt, da durch die große Streuung das Risiko verringert wird. Allerdings erzielen weltweit anlegende Immobilien-Aktienfonds keine so hohe Performance.

4.3   Exchange Traded Funds (ETFs)

Unter Exchange Traded Funds (ETFs) versteht man börsengehandelte Investmentfonds. Der Vorteil für die Anleger besteht darin, dass der hohe Ausgabeaufschlag entfällt; dennoch werden beim Kauf und Verkauf von Exchange Traded Funds die üblichen Bankprovisionen fällig, die bei einer herkömmlichen Bank je Transaktion bei einem Prozent liegen können.

Günstiger erhalten Anleger Exchange Traded Funds nur über Direktbanken, die häufig einen Rabatt von 50 Prozent gewähren. Insgesamt ist der Kauf bei solchen Konditionen billiger als der Erwerb von Fondsanteilen über eine Investmentgesellschaft.

Besonders innovativ sind Exchange Traded Funds, die sich auf Immobilienindizes beziehen. Hierzu gehören beispielsweise der Easy ETF EPRA Eurozone und der Ishares FTSE EPRA Europe, die im so genannten XTF-Segment der Deutschen Börse notiert sind. Die Deutsche Börse hat für Exhange Traded Funds ein eigenes Börsensegment eingerichtet. Der Anbieter Indexchange hat neue indexbezogene Exchange Traded Funds an die Börse gebracht, die auch den Zugang zu amerikanischen und asiatischen Immobilienmärkten ermöglichen. Das sind der Dow Jones Stoxx 600 Real Estate EX (ISIN: DE 000 A0H 076 9), der DJ Stoxx Americas 600 Real Estate (Isin: DE 000 A0H 077 7) und der DJ Stoxx Asia Pacific 600 Real Estate.

Die Immobilienindizes beziehen sich zum Teil auf herkömmliche börsennotierte Immobiliengesellschaften, aber auch auf Real Estate Investment Trusts (REITs).

Immobilienaktien sind vergleichsweise weniger schwankungsanfällig als die Aktienmärkte und tragen wesentlich zur Diversifizierung eines Portfolios bei. Neben der Bankprovision und den sonstigen Transaktionskosten fallen für das Fondsmanagement jährliche Gebühren an, da es bei den Exchange Traded Funds keinen Ausgabeaufschlag gibt, der die Kosten abdeckt. Die Verwaltungsgebühren für den europäischen ETF liegen bei 0,45 Prozent pro Jahr, während der iShares ETF mit 0,40

Prozent etwas günstiger ist. Für die ETFs auf amerikanischen und asiatischen Immobilienaktien werden jeweils 0,7 Prozent berechnet.

Insgesamt betrachtet sind Exchange Traded Funds eine kostengünstige Alternative zu den relativ teuren offenen Immobilien-Aktienfonds mit den hohen Ausgabeaufschlägen. Wer nicht bei einer Direktbank einen deutlichen Rabatt auf den Ausgabeaufschlag erhält, sollte über den Erwerb eines Exchange Traded Funds nachdenken, da bei diesen nur die üblichen Bankprovisionen anfallen. Jedoch gibt es bislang nur sehr wenige Exchange Traded Funds im Immobilienbereich.

4.4   Immobilien-Dachfonds

Wegen der Krise der offenen Immobilienfonds hat die Finanzdienstleistungsbranche neue Finanzprodukte entwickelt, die den Sicherheitsbedürfnissen der Anleger stärker Rechnung tragen sollen. Hierzu gehören die Immobilien-Dachfonds. Bei diesen Fonds investiert ein übergeordneter Fonds in eine Reihe von verschiedenen offenen Immobilienfonds und Immobilien-Aktienfonds, um so das Risiko stärker zu streuen und zu minimieren. Neuere Konstruktionen weichen von diesem Schema ab und beziehen auch einzelne Immobilienaktien mit ein, wodurch das Risiko und zugleich die Renditechance erhöht wird. Es gibt ein wachsendes Angebot an Fonds, die verschiedene Arten von Immobilienfonds unter einem Dach bündeln. Als erster Fonds mit einer solchen Ausrichtung wurde Mitte 2004 der DJE Real Estate in Luxemburg aufgelegt. Da in Deutschland Dachfonds anders als in Luxemburg eigentlich keine Einzelaktien, sondern nur Investmentfonds erwerben dürfen, wurde er erst 19 Monate nach der Gründung in Deutschland offiziell zugelassen. Die Rendite liegt über der von offenen Immobilienfonds, aber ist niedriger als bei durchschnittlichen Rentenfonds, die in Euro-Anleihen investieren. Ein vergleichbares Konzept verfolgt der Fund Select RR, der etwa zwei Drittel des Fondsvermögens in offenen Immobilienfonds, 20 Prozent in Immobilienaktienfonds und den Rest in einzelnen Immobilienaktien anlegt. Während der DJE-Fonds sich auch an Kleinanleger richtet, ist der Select RR vor allem für vermögende Kunden des Feri Wealth Managements vorgesehen.

Der CS Portfolio Real geht noch einen Schritt weiter und dehnt das Spektrum der Investments auf Gesellschaften aus, die in die Infrastruktur investieren und sich auf Tiefbau spezialisiert haben. Auch Makleraktien und IPO-Kandidaten, die zum ersten Mal an der Börse notiert werden, gehören zur Auswahl.

Ein Dachfonds, der ausschließlich auf herkömmliche offene Immobilienfonds setzt, könnte aufgrund der hohen Gebührenbelastung kaum eine erstrebenswerte Rendite erzielen. Aus diesem Grund suchen die Anbieter nach besseren Renditechancen – beispielsweise durch die Beimischung von Immobilien-Aktienfonds oder einzelnen Immobilienaktien. Eine andere Möglichkeit besteht darin, halb-institutionelle offene

Immobilienfonds mit einzubeziehen, die Privatinvestoren normalerweise kaum zugänglich sind oder hohe Mindestanlagesummen voraussetzen. Dachfonds wie der SEB Target Return oder der Degi Global Business sind Vorreiter in diesem Segment.

Dachfonds eignen sich vor allem für Anleger, die ihr Risiko weiter streuen und Sicherheit anstreben möchten. Dadurch dass der Fonds weitere Fonds erwirbt, wird das Risiko über eine Vielzahl von Immobilien verteilt. Durch Immobilien-Aktienfonds und Einzelaktien kann die Rendite etwas erhöht werden. Anleger sollten indes keine Dachfonds kaufen, die ausschließlich in offene Immobilienfonds investieren, da bei diesen die Rendite zu niedrig erscheint.

Dachfonds gelten unter Experten als äußerst kostenträchtig, auch wenn die Investmentgesellschaften gerne diese Tatsache zu beschönigen versuchen. Denn neben einer meist festgelegten Managementgebühr fallen die laufenden Kosten der Zielfonds an, so dass eine wahre Gebührenlawine entsteht. Dank der großen Risikostreuung und der Zusatzrendite der Immobilien-Aktienfonds sowie der Einzelaktien konnten auch die Dachsfonds in den letzten Jahren eine akzeptable Wertsteigerung erwirtschaften.

4.5   Immobilien-Spezialfonds

Immobilien-Spezialfonds sind offene Immobilienfonds. Dabei unterscheidet man

* die Immobilien-Publikumsfonds, die bereits vorgestellt wurden. Diese richten sich vor allem an Privat- und Kleinanleger, sind aber auch für institutionelle Investoren geeignet;
* die Immobilien-Spezialfonds; diese werden von Pensionskassen, Versorgungswerken, Banken, Stiftungen und Versicherungen initiiert.

Solche Spezialfonds werden von der Kapitalanlagegesellschaft für spezielle Investoren aufgelegt und verwaltet, denn nur die Kapitalanlagegesellschaft ist dazu befugt, da sie den Status eines Kreditinstituts besitzt und der strengen Kontrolle der Bundesanstalt für Finanzdienstleistungsaufsicht in Berlin (BaFin) unterliegt.

Die Investoren beteiligen sich über Fondsanteile an dem Spezialfonds, die fortlaufend ausgegeben werden. Die Beteiligung erfolgt nur an dem Immobilien-Sondervermögen, nicht aber an der eigentlichen Kapitalanlagegesellschaft. Die bewirtschafteten Immobilien sind jedoch rechtlich Eigentum der Kapitalanlagegesellschaft.

Eine Depotbank übernimmt die Verwaltung und Verwahrung des Sondervermögens und gibt die Fondsanteile heraus, die jederzeit zurückgegeben werden können. Darüber hinaus hat die Depotbank Kontrollmöglichkeiten gegenüber der Kapitalanlagegesellschaft und überwacht das Sondervermögen.

Die Immobilien-Spezialfonds erfreuen sich bei institutionellen Investoren zunehmender Popularität; das Fondsvolumen hat sich zwischen 1999 und 2004 auf über 14 Milliarden Euro mehr als verdreifacht. 2005 gab es in Deutschland 86 Immobilien-Spezialfonds.

4.6   Geschlossene Immobilienfonds

Anleger sollten auf keinen Fall offene und geschlossene Immobilienfonds miteinander verwechseln. Während bei offenen Immobilienfonds die Anteile börsentäglich gekauft und wieder veräußert werden können, ist dies bei geschlossenen Immobilienfonds nicht möglich. In geschlossene Immobilienfonds kann nur während des Platzierungszeitraums investiert werden, denn anschließend wird der Fonds, wie der Name bereits andeutet, geschlossen. In den letzten Jahrzehnten dienten geschlossene Immobilienfonds vor allem als Steuersparmodelle. Für viele Anleger brachten sie häufig Verluste und Risiken mit sich, denn beim Erwerb eines Anteils an einem geschlossenen Fonds wird der Anleger zum Unternehmer und trägt sämtliche Risiken, die sich aus dem Investment ergeben. Die Rechtsform ist meist eine Kommanditgesellschaft, wobei der Anleger die Rolle des Kommanditisten einnimmt. Neben Immobilien sind auch andere Investitionsgüter bei geschlossenen Fonds üblich wie beispielsweise Schiffe (Schiffsfonds), regenerative Energie (Windkraftanlagen, Biogas) und Filme (Medienfonds). Darüber hinaus gibt es vor allem in den USA und Großbritannien, inzwischen aber auch in Deutschland, die Möglichkeit in den Zweitmarkt für Kapitallebensversicherungen zu investieren. In diesem Fall haben die Versicherten ihre Kapitallebensversicherung an ein darauf spezialisiertes Unternehmen verkauft, das meist bessere Konditionen bietet als der Rückkaufwert der entsprechenden Lebensversicherungsgesellschaft. Zusätzlich können Anleger in Wagniskapitalgesellschaften (Venture Capital) oder Private-Equity-Gesellschaften investieren, die die Neugründung oder Expansion von jungen Unternehmen (Seed Financing) finanzieren.

Gängige Investitionsgüter für geschlossene Fonds sind:

*   Gewerbeimmobilien im In- und Ausland
*   Container- Tanker- und Spezialschiffe
*   Wind-, Sonne-, Biomasse-, Geothermiekraftwerke
*   Amerikanische, britische und deutsche Kapitallebensversicherungen
*   Private Equity (Unternehmensbeteiligungen)
*   Venture Capital (Wagniskapitalgesellschaften)

Das Volumen der geschlossenen Fonds beträgt in Deutschland zirka 10 Milliarden Euro.

Anleger sollten in diesen Märkten äußerst vorsichtig agieren, denn die geschlossenen Fonds unterliegen anders als etwa offene Immobilienfonds keinerlei staatlicher Kontrolle. Daher spricht man in diesem Zusammenhang vom „grauen Kapitalmarkt".

Die Risiken sind enorm, und Anleger sollten im Zweifelsfall eher von einem Investment absehen. In der Vergangenheit erwiesen sich viele der häufig angepriesenen Steuersparmodelle als gigantische Flops, die etliche Anleger ruinierten. Beispielsweise hielten sich manche Schiffsfonds, die besonders bei vermögenden Kunden beliebt sind, nicht an die gesetzlichen Auflagen, so dass die Steuervorteile komplett verloren gingen. Einige geschlossene Immobilienfonds führten zum Ruin der Anleger, da die Gebäude nie fertig gestellt wurden. Auch scheinbar zuverlässige Vermietungsgarantien erwiesen sich im Nachhinein als wertlos, da die GmbH, die die Zusage erteilt hatte, einfach Insolvenz anmeldete. Anleger sollten geschlossene Fonds eher meiden, denn die Gefahren sind zahlreich. Eine Immobilie allein aus Gründen der Steuerersparnis zu kaufen stellt immer ein beträchtliches Risiko dar. Als Anleger sollten Sie stets den Wert der Immobilie genauestens prüfen und sich persönlich ein Bild machen. Beteiligen Sie sich niemals an einem geschlossenen Fonds, wenn Sie das Geschäftsmodell nicht verstehen oder mit den Einzelheiten nicht vertraut sind. Im grauen Kapitalmarkt lauern überall große Gefahren.

Zur Kontrolle wurde inzwischen ein Prospektierungsstandard durchgesetzt, der zumindest gewährleistet, dass die herausgegebenen Prospekte gewisse Standards erfüllen. Das Institut der Wirtschaftsprüfer nennt diesen neuen Standard, der für geschlossene Fonds gilt, IDW ES4. Jedoch bezieht sich der Kontrollmechanismus lediglich auf die Ordnungsmäßigkeit des Prospekts, keineswegs aber auf das allgemeine Geschäftsgebaren und die getätigten Investitionen. Sie sollten daher als Anleger äußerste Vorsicht walten lassen oder gänzlich von einem Investment Abstand nehmen.

Geschlossene Fonds werden häufig als Kommanditgesellschaft mit beschränkter Haftung (GmbH & Co. KG) aufgelegt. Die Kommanditanteile werden in einem bestimmten Zeitraum zum Kauf angeboten; wenn die geplante Eigenkapitalquote erfüllt ist, wird der Fonds geschlossen. Das Eigenkapital dient dazu, die entstandenen Emissionskosten zu begleichen und die Anlagegüter zu erwerben. Falls das vorhandene Eigenkapital nicht ausreicht, können zusätzlich Fremdmittel in Form von Krediten aufgenommen werden. Die Fremdkapitalquote liegt je nach Projekt zwischen 40 bis 70 Prozent. Der Anleger beteiligt sich mit einem fixen Betrag an der Kommanditgesellschaft. Diese Kommanditeinlage hat meist eine Mindesthöhe von 5.000 Euro. Die Anlagedauer beläuft sich auf mehrere Jahre und hängt in der Regel von der Art des Anlagegutes (Film, Schiff, Immobilie, Windkraftanlage, Biogas, Lebensversicherungen) und der Nutzungsdauer ab.

Für den Anleger ist dies bereits ein großes Risiko; denn natürlich kann ein solcher Kommanditanteil nicht über die Börse verkauft werden; auch eine Rückgabe ist nicht möglich, so dass der Anleger sich über die gesamte Laufzeit unwiderruflich an das

Projekt bindet. Nur in einigen Fällen hat sich ein noch relativ wenig bekannter Zweitmarkt an der Börse in Hamburg etabliert.

Der Zweck der Beteiligung besteht darin, Erträge als jährliche Ausschüttungen zu erwirtschaften. Dabei sollen die Gesamterträge die Investitionssumme übersteigen.

Die Ertragschancen und die zu erzielende Rendite hängen maßgeblich von der jeweiligen Anlageklasse ab. Einige der Beteiligungen fungieren zusätzlich als Steuersparmodelle. Bis zum Jahr 2005 konnten die hohen Verluste in der Anfangsphase des Projekts als Verlustzuweisungen steuerlich geltend gemacht werden. Vor allem für vermögende Investoren mit einem hohen Grenzsteuersatz waren diese Konditionen attraktiv. Im Prinzip ergab sich daraus ein Steuerstundungseffekt. Eine hohe Rendite entstand bei vielen Modellen auch dadurch, dass keine Barreserve erforderlich war. Denn anders als bei offenen Immobilienfonds können die Anleger nicht jederzeit aussteigen, sondern müssen den Anteil über die gesamte Laufzeit halten. Die Notwendigkeit, liquide Mittel bereitzuhalten, entfällt daher.

Für viele Anleger, die aus steuerlichen Gründen einen Anteil an einem geschlossenen Fonds zeichneten, erwies sich dies als Fiasko. Denn wenn die Gewinnerzielungsabsicht des Fonds nicht erkennbar ist, können die Steuervorteile nachträglich aberkannt werden. Vor allem bei geschlossenen Immobilienfonds in Ostdeutschland war dies der Fall, da manche Regionen so strukturschwach sind, dass sich mit Immobilien auch langfristig kein Gewinn erzielen lässt. Etliche Investoren, die in Goldgräberstimmung in Ostdeutschland ihr Geld in geschlossenen Immobilienfonds angelegt hatten, machten drastische Verluste. Einige Büros erweisen sich über Jahre als unvermietbar.

Aus diesem Grunde sollten Sie eine wichtige Regel beherzigen: Wenn Sie in Immobilien investieren, sollten Sie möglichst auf einen geschlossenen Fonds verzichten und sich selbst eine Immobilie zulegen. Kaufen Sie aber niemals in einer strukturschwachen Region. Prüfen Sie genau den Wert Ihrer Immobilie mit Hilfe von Gutachtern; verlangen Sie stets ein schriftliches Gutachten und kaufen Sie nur in der allerbesten Lage zu einem günstigen Preis-Leistungs-Verhältnis.

Aufgrund des sich abzeichnenden Desasters bei den ostdeutschen Immobilien hat der Gesetzgeber im Jahre 2005 die Möglichkeiten drastisch eingeschränkt. Verluste aus Steuerstundungsmodellen dürfen seit der neuen Gesetzgebung weder mit Einkünften aus einem Gewerbebetrieb noch mit Einkünften aus anderen Einkunftsarten ausgeglichen werden.

Ein weiteres deutliches Risiko bei geschlossenen Fonds ist, dass es keinen Einlagensicherungsfonds gibt. Bei gravierenden Managementfehlern des Fonds oder anderen Verstößen haftet lediglich das vorhandene Eigenkapital. Das Risiko bei Bauunternehmen ist enorm und kann sogar dazu führen, dass ein Immobilienprojekt nicht fertig gestellt wird. Gegen solche Auswüchse können sich die Anleger zwar durch den Abschluss einer Versicherung schützen, sie wird aber relativ selten angeboten. Besonders gefährlich und risikoreich ist ein GbR-Fonds, also ein Fonds, dem als Rechtsform eine Gesellschaft bürgerlichen Rechts zugrunde liegt. In diesem Fall haften alle Investoren unbeschränkt, was bei Verbindlichkeiten zu einer Nachschusspflicht führen kann. Im Ernstfall haftet der Anleger mit seinem gesamten Privatvermögen für die Schulden des Fonds. Aus diesem Grunde sollten Sie sich niemals an einem Fonds beteiligen, der die Rechtsform einer Gesellschaft bürgerlichen Rechts (GbR) hat. Nur bei einer Kommanditgesellschaft ist die Haftung zumindest für den Kommanditisten, nicht aber für den Komplementär, auf die Einlage beschränkt. Aber selbst bei einer KG kann eine Haftung entstehen, wenn zugesagte Ausschüttungen noch nicht erwirtschaftet wurden.

In fast allen Fällen ist ein vorzeitiger Ausstieg aus einem geschlossenen Fonds unmöglich. Der Anleger müsste sich nämlich auf eigene Initiative einen privaten Käufer suchen; selbst wenn ihm dies gelänge, würde er den Anteil nur zu einem reduzierten Preis mit erheblichen Abschlägen veräußern können. Es gibt Bestrebungen, einen solchen funktionierenden Zweitmarkt in Form einer Fondsbörse zu etablieren. Aber aufgrund der Vielfalt der geschlossenen Fonds und der mangelnden Transparenz des grauen Kapitalmarkts sind bislang wenig Fortschritte erreicht worden.

Erschwerend kommt hinzu, dass der Gesellschaftsvertrag häufig ein Mitbestimmungsrecht des Initiators vorsieht, so dass eine Übertragung des Fondsanteils nur gestattet wird, wenn das Fondsmanagement ausdrücklich zustimmt.

Zwar ist eine solche Ablehnung nur aus wichtigem Grund erlaubt, aber die Übertragung kann versagt werden, wenn der Kaufpreis zu niedrig angesetzt wird. Denn dies hat einen Einfluss auf die Bewertung der anderen Fondsanteile und kann die anderen Investoren am Projekt benachteiligen.

Problematisch ist bei vielen Fonds auch das Management, das zwar treuhänderisch die Gelder verwaltet, aber in der Praxis häufig Eigenkosten bis zu 25 Prozent geltend macht. Eine solche Höhe wird oft dadurch kaschiert, dass das Management Verträge zu besonders vorteilhaften Konditionen mit Unternehmen abschließt, an denen es selbst indirekt beteiligt ist. Jeder Anleger sollte auch sorgfältig und eingehend prüfen, ob das Management des Fonds über die nötigen Qualifikationen verfügt und die erforderliche Erfahrung in der Abwicklung solcher Projekte besitzt.

Beim geschlossenen Immobilienfonds investiert der Anleger in Gewerbeimmobilien, wie Büro- oder Einzelhandels- und Logistikimmobilien, aber auch in verschiedene Wohnimmobilien im In- und Ausland. Der Anleger wird damit zum Unternehmer, der von allen Renditechancen profitiert, aber zugleich alle Risiken in Kauf nimmt.

Die einzelnen Objekte werden in den umfangreichen Emissionsprospekten detailliert beschrieben und erläutert.

Geschlossene Immobilienfonds haben in den meisten Fällen die Rechtsform einer Kommanditgesellschaft (KG) oder auch einer Gesellschaft bürgerlichen Rechtes GbR, was aber aufgrund der unbeschränkten Haftung des Anlegers nicht empfehlenswert ist. Bei Investitionen im Ausland können ausländische Rechtsformen genutzt werden.

Bei geschlossenen Auslandsimmobilienfonds kann der Anleger verschiedene steuerliche Vorteile durch Doppelbesteuerungsabkommen (DBA) nutzen.

Aufgrund der Unübersichtlichkeit und Intransparenz des grauen Kapitalmarkts gab es in den letzten Jahren eine Tendenz zu einer stärkeren Regulierung und Kontrolle des Marktes. Um das Vertrauen der Anleger zu gewinnen, wurden vor allem Banken als Fondsinitiatoren und finanzstarke Aktiengesellschaften aktiv. Auch in der Rechtsprechung wurden die Voraussetzungen und Haftungen verschärft und Mindestanforderungen an die Prospektgestaltung definiert. Die Prospekthaftung wurde deutlich in den Vordergrund gestellt, so dass es bei fehlerhaften Prospekten zu einer Durchgriffshaftung der Initiatoren kommen kann; dabei wird die beschränkte Haftung, wie sie sich aus der Rechtsform ergibt, aufgeben. Für fehlerhafte, irreführende oder falsche Angaben im Prospekt haften dann die Initiatoren unbeschränkt mit ihrem gesamten Privatvermögen. Eine solche Verschärfung wurde erforderlich, nachdem Anleger vor allem durch geschlossene Immobilienfonds enorme finanzielle Schäden erlitten hatten.

Trotz dieser kritischen Aspekte und der möglichen Gefahren erreichen geschlossene Immobilienfonds in Deutschland ein geschätztes Volumen von über 10 Milliarden Euro. Unter privaten Anlegern und institutionellen Investoren genießen geschlossene Immobilienfonds eine hohe Akzeptanz.

Problematisch sind jedoch besonders Blind Pools, bei denen der Anleger zum Zeitpunkt der Investition noch nicht weiß, in welches Objekt seine Gelder fließen. Das Fondsmanagement entscheidet nach vertraglich definierten und vorgegebenen Kriterien nach eigenem Ermessen über die Investition. Früher gab es Blind Pools vorwiegend im Bereich des geschlossenen Immobilienfonds. Inzwischen wurde das Konzept aber auch auf andere Bereiche ausgedehnt und findet vor allem im Zweitmarkt für Lebensversicherungen Anwendung. Aber auch Unternehmensbeteiligungen für Private Equity und die Investitionen in amerikanische Hypotheken werden auf diese Weise organisiert. Bei der Platzierung weiß der Anleger nicht, in welche Objekte das Fondsmanagement künftig investieren wird. Während bei Immobilienfonds der Sinn dieser Konstruktion nicht unmittelbar plausibel erscheint, ist diese Vorgehensweise bei Lebensversicherungen oder Private-Equity-Beteiligungen durchaus sinnvoll, um die Flexibilität des Managements zu gewährleisten. Blind Pools gewinnen daher an Zulauf; inzwischen sind bereits 40 Prozent aller geschlossenen Fonds Blind Pools.

Resümierend kann man sagen, dass Anleger, die sich für geschlossene Fonds interessieren, äußerste Vorsicht walten lassen sollten. Die einzige gesetzliche Kontrolle dieses grauen Kapitalmarkts besteht in der Prospekthaftung. Die Verwaltung und das Management des Fonds unterliegen keinerlei Aufsicht. Die Gefahren, die sich daraus ergeben, sind enorm. Im Zweifelsfall sollten Sie besser direkt eine Immobilie kaufen oder bauen, bevor Sie Ihr Geld einem dubiosen geschlossenen Fonds anvertrauen. Auch die lange Bindung und die Einschränkung der steuerlichen Vorteile in letzter Zeit sprechen eher gegen geschlossene Fonds.

5 Was sind REITs

Ein REIT (Real Estate Investment Trust) ist eine steuerbegünstigte Kapitalgesellschaft, deren Hauptgeschäftsfeld darin besteht, Immobilien zu besitzen und zu betreiben. Auch Gesellschaften, die Immobilien finanzieren, können ein REIT sein.

REITs investieren in alle Arten von Immobilien und erzielen ihre Gewinne größtenteils aus den Mieten der Immobilien. REITs gibt es bereits in über 20 Ländern. In Deutschland wurden REITs im März 2007 eingeführt; aufgrund der Rückwirkung des Gesetzes sind REITs seit Januar 2007 möglich.

Als Anlageklasse sind REITs vorwiegend für Investoren interessant, die in Unternehmen mit sicheren Cashflows bei langfristig guten Wachstumschancen investieren wollen. Insofern eignen sich REITs sowohl für institutionelle Investoren wie Versicherungen, Banken und Pensionsfonds, aber auch für private Anleger, die ihr Portefeuille auf eine Vielzahl von Anlageklassen streuen und damit die Diversifikation verbessern wollen. REITs haben eine Zwischenstellung zwischen Aktien und Anleihen. Sie können wegen ihrer geringen Korrelation zu anderen Assetklassen wie Aktien, Rohstoffen oder den Rentenmärkten das Risiko eines Portfolios deutlich verringern, ohne dass der Anleger auf eine überdurchschnittliche Rendite verzichten müsste.

Die Unternehmen schütten einen Großteil ihres Gewinns als Dividende aus. Auf der Unternehmensebene sind die Ausschüttungen steuerfrei, aber die Anteilseigner versteuern ihre Dividende nach ihrem persönlichen Einkommensteuersatz.

Die genauen Kriterien, die eine Gesellschaft erfüllen muss, um als REIT anerkannt zu werden, sind von Land zu Land unterschiedlich. In den meisten Ländern werden REITs als börsennotierte Aktiengesellschaft zugelassen, was auch in Deutschland der Fall ist. In einigen Ländern können REITs jedoch auch die Rechtsform einer anderen Kapitalgesellschaft haben.

REITs unterscheiden sich in mehreren Aspekten von den börsennotierten Immobiliengesellschaften und offenen Immobilienfonds. REITs sind – sofern sie börsennotiert sind – wie normale Aktien handelbar. Das unterscheidet sie von den bereits besprochenen geschlossenen Immobilienfonds, für die es keinen transparenten Markt gibt. Ein weiterer Unterschied besteht darin, dass das Wechselspiel von Angebot und Nachfrage maßgeblich den Aktienkurs beeinflusst. So können REITs auch dann im Kurs steigen, wenn das operative Geschäft stagniert oder rückläufig ist. Denn für die Höhe des Aktienkurses ist allein die Nachfrage an den Börsen verantwortlich. Durch die Hoffnung auf höhere Erträge oder positive Analystengutachten kann ein REIT schneller an den Aktienmärkten steigen, als es die Gewinnentwicklung erwarten lässt.

Im Gegensatz dazu haben offene Immobilienfonds bei erheblichen Mittelzuflüssen das gravierende Problem, geeignete Immobilien zu finden, oder bei starken Mittelabflüssen genügend Cash bereitzuhalten, um die Anleger auszuzahlen. Ziehen Investoren ihre Gelder kurzfristig ab, müssen sie möglicherweise Immobilien unter schwierigen Marktbedingungen verkaufen, um die notwendige Liquidität zu sichern.

Real Estate Investment Trusts wurden bereits 1960 in den USA eingeführt. Ziel war es, auch Kleinanlegern eine sinnvolle Möglichkeit zu geben, um sich an Immobiliengeschäften zu beteiligen. Darüber wollte man es größeren Unternehmen erleichtern, ihre Immobilien in REITs einzubringen und zusätzliche Kapitalquellen zu erschließen. Die hohe Wertschätzung und der große Erfolg der REITs in den USA führte dazu, dass etliche andere Länder REITs eingeführt haben. Unterschiede gibt es vor allem bei der Rechtsform, die REITs haben, und bei der Höhe der erforderlichen Ausschüttung sowie der Besteuerung.

Unter anderem wurden in den Niederlanden, Australien, Kanada und Japan REITs bereits eingeführt. Auch Frankreich, Belgien, Südkorea, Singapur, Hongkong und Malaysia haben REITs zugelassen. In Großbritannien und Deutschland wurden REITs im Jahr 2007 eingeführt.

In der Mehrzahl der Länder sind REITs börsennotierte Aktiengesellschaften; in einigen wenigen Staaten gibt es sie auch in Form von Investmentfonds. Die Gründung eines REITs ist an verschiedene, gesetzlich definierte Voraussetzungen geknüpft, die von Land zu Land differieren können. Gemeinsam ist jedoch allen REIT-Konstruktionen die Vorschrift, dass sie ihr Hauptgeschäft im Bereich Immobilien haben müssen und dass die Ausschüttungen bei 80 bis 90 Prozent der Gewinne liegen müssen.

5.1   Vorteile für Anleger und Investoren

REITs haben für Anleger etliche Vorteile. Anstatt ein Haus oder Grundstück zu kaufen, können Anleger indirekt in Immobilien investieren. Dadurch sind die Gelder nicht langfristig gebunden, denn der Anleger kann seine Anteile börsentäglich verkaufen.

REITs vereinen die Vorteile von offenen Immobilienfonds und von Immobilien-Aktiengesellschaften in sich. REITs haben eine ähnliche Transparenz wie offene Immobilienfonds, aber ihre Wertentwicklung entspricht eher der von Immobilien-

Aktiengesellschaften, da die Erwartungen und zukünftigen Gewinnaussichten in den Aktienkurs eingepreist werden, so dass der Anteil an einem REIT schneller steigen kann als die aktuelle Gewinnentwicklung im Unternehmen. Der Aktienkurs antizipiert die Erfolgsgeschichte eines REIT. Im Folgenden sollen die Vorteile der REITs detailliert vorgestellt werden.

(1) Kriterium Rendite

Die Rendite von REITs ist überdurchschnittlich hoch. Während die in Deutschland gängigen offenen Immobilienfonds nur eine mittlere Rendite erreichen, die selten mehr als fünf Prozent beträgt, lässt sich die Wertentwicklung von REITs eher mit einer Aktienanlage vergleichen, zumal REITs ohnehin börsennotierte Aktiengesellschaften sind. Von 1971 bis 2003 betrug die durchschnittliche jährliche Rendite von REITs in den USA fast 13 Prozent. Der Vergleichsindex Dow Jones Industrials der New York Stock Exchange, der die Wertentwicklung der Aktien von 30 großen amerikanischen Industrieunternehmen abbildet, erreichte im selben Zeitraum eine Rendite von zirka acht Prozent jährlich.

(2) Kriterium Stabilität

Immobilienanlagen zeichnen sich als Anlageklasse durch ihre hohe Wertbeständigkeit aus. Während Unternehmen in riskanten Branchen wie der Biotechnologie oder im Softwarebereich durchaus insolvent werden können oder drastische Gewinneinbußen hinnehmen müssen, profitieren börsennotierte Immobiliengesellschaften von dem Wert ihrer Liegenschaften. Auch schwere Rezessionen können Immobilien nicht völlig wertlos werden lassen, auch wenn die Immobiliengesellschaften in solchen Krisenzeiten mit deutlichen Mietausfällen und Mietrückgängen konfrontiert werden.

Die Wertentwicklung einer REIT-Aktie hängt wie bei anderen Aktien von vielen Faktoren ab, die entscheidenden Einfluss auf den Kurs haben können. Ein wichtiger Gesichtspunkt ist beispielsweise die Qualität des Managements. Schlecht gemanagte Immobilienbestände können auch den Aktienkurs deutlich drücken, wenn die Anleger und Analysten den Eindruck erhalten, dass die Unternehmensstrategie nicht klar definiert wurde. Ebenso spielen das Marktumfeld und die Einschätzung der Immobilienbranche eine wichtige Rolle. Wenn sich eine Immobilienkrise anbahnt, dann wird auch die Nachfrage nach REITs deutlich zurückgehen, so dass die Aktienkurse zumindest zeitweilig sinken. Die Erfahrungen der letzten Jahre haben gezeigt, dass schwere Krisen wie der 11. September 2001 oder eine Baisse auch REITs nicht verschonen. Bei einem solchen Ereignis werden meist alle Assetklassen in Mitleidenschaft gezogen; in einer Krisensituation können mitunter sowohl die etablierten Aktienmärkte als auch die Emerging Markets deutlich nachgeben; auch andere Assetklassen wie Rohstoffe, Anleihen oder Devisen fallen in einer solchen Situation. Sobald jedoch das Krisenereignis überwunden ist, erholen sich manche Anlageklassen wie Rohstoffe oder Immobilien aufgrund der Sondersituation schneller. So profitier-

ten nach dem 11. September vor allem – neben den Aktienmärkten in Osteuropa, Lateinamerika und teilweise Asien – die Immobilienmärkte und die Rohstoffe. Viele Anleger hatten nach dem Zusammenbruch des Neuen Marktes und der
Internetwerte das Vertrauen zu Aktien vollständig verloren und legten ihr Geld
vorrangig in Immobilien an. Dies kam den REITs und den börsennotierten Immobilien-Aktiengesellschaften zugute.

Die Wertentwicklung eines REITs lässt sich konservativ aus den langfristigen
Zahlungsströmungen prognostizieren, die sich aus den Dividendenausschüttungen ergeben. Diese sind vor allem von den Mieteinnahmen abhängig.

(3) Kriterium Diversifizierung

Die Wertentwicklung von Immobilien und Aktien korreliert nur in sehr gerin-
gem Maße miteinander, deshalb sind REITs eine interessante Möglichkeit, die
Kapitalanlage zu diversifizieren und so das Risiko erheblich zu streuen. Während die Aktienmärkte fallen, kann es durchaus eine Boomphase an den Immobilienmärkten geben. Eine weitere Diversifikation ergibt sich, wenn der Anleger
REITs auf verschiedene Immobilienarten oder Regionen verteilt. REITs sind bereits in kleinsten Stückelungen erhältlich, so dass der Anleger seinen Anteil am
Portfolio genau ausrichten kann.

Da Anleger ihre Anteile an börsennotierten REITs jederzeit verkaufen können,
bleiben sie flexibel und können ihr Portfolio an ihre individuellen Bedürfnisse
anpassen.

(4) Kriterium Transparenz

Börsennotierte Aktiengesellschaften sind gesetzlich verpflichtet, detailliert,
wahrheitsgemäß und aktuell über die Lage des Unternehmens zu informieren.
Das gilt auch für börsennotierte REITs. Aufgrund der hohen Liquidität an den
Börsen und der täglichen Notierung können Anleger jederzeit den Wert ihrer
Aktie ermitteln und wissen permanent, wie viel ihr Portfolio wert ist. Anleger,
die ein eigenes Haus oder eine Eigentumswohnung besitzen, wissen in der Regel
nicht genau, wie viel ihre Immobilie im Augenblick wert ist. REITs haben zudem den Vorteil, dass sie bei Geldbedarf sofort und problemlos über die Börse
verkauft werden können. Beim Verkauf eines Hauses oder einer Eigentumswohnung über einen Makler können bei einem schwierigen oder wenig begehr-
ten Objekt etliche Monate vergehen.

5.2   Vorteile für Emittenten und Immobilieneigentümer

Auch für Emittenten und Immobilieneigentümer haben REITs herausragende Vorteile, denn sie sind international anerkannt, so dass ausländische Investoren ohne Vor-
behalte bereit sind, Kapital in REITs zu investieren.

Ein weiterer enormer Vorteil ergibt sich für Unternehmen oder Gemeinden, die über größere Immobilienbestände verfügen. Diese können zu günstigen Konditionen ausgelagert und gewinnbringend als REIT an der Börse notiert werden. Für viele Unternehmen hat dies den Vorteil, dass sie ihre Kernkompetenz bündeln und sich auf ihr Kerngeschäft konzentrieren können. Zu große Immobilienbestände sind aufgrund des Verwaltungsaufwands für manche Unternehmen eine hohe Bürde, deren man sich durch Immobilien-Outsourcing entledigen kann. REITs sind damit eine effiziente, lukrative und vielseitige Möglichkeit, Immobilien zu veräußern oder auszugliedern.

5.3   Vorteile für den Finanzstandort Deutschland

Die Einführung von REITs schafft neue Möglichkeiten am Finanzstandort Deutschland, neben Immobilienfonds oder börsennotierten Immobilienaktien indirekt in Immobilien zu investieren. Da REITs international bereits seit langem anerkannt sind und sich langfristig bewährt haben, werden institutionelle Investoren aus dem Ausland den Immobilienmarkt am Finanzstandort Deutschland wertschätzen und als Kapitalanlage neu entdecken. Deren Investitionen steigern das Kapitalangebot und die Liquidität auf dem deutschen Immobilienmarkt, der von seiner Größe her in Europa mit Abstand auf Platz 1 rangiert.

Nach Expertenmeinung werden in den nächsten drei Jahren 30 Börsengänge von REITs in Deutschland zu verzeichnen sein. Es ist sogar denkbar, dass an der Börse ein eigenes Kapitalmarktsegment für REITs entsteht, was aber bei vielen Immobiliengesellschaften eher auf Widerspruch stößt, da man auf diese Weise den neuartigen börsennotierten Immobiliengesellschaften einen Sonderstatus zuweisen würde. Enorme Wachstumschancen ergeben sich nicht nur für das gesamte Segment, sondern auch für Branchen und Berufszweige wie Analysten, Asset Manager oder Immobiliengutachter.

Das renommierte Institut für Immobilienwirtschaft der Universität Regensburg (IREBS) hat ein Kompetenzzentrum eingerichtet, das sich der Erforschung von Real Estate Investment Trusts widmen will. Angesichts der großen Bedeutung des Immobilienmarktes in Deutschland und dem wachsenden Interesse am Immobilien-Outsourcing kommt den REITs eine wichtige Schlüsselfunktion zu. Das „REITs Center of Competence" soll als führendes Forschungszentrum etabliert werden, das auch die Aus- und Weiterbildung in der Immobilienwirtschaft fördert und vorantreibt. Unter der Ägide des Instituts bietet eine eigene Immobilienakademie Weiterbildungsstudiengänge an.

5.4   Strukturen und Arten von REITs

In den USA, Australien und Kanada haben REITs meist die Rechtsform eines Trusts oder in den USA auch wahlweise einer Corporation. Belgien bevorzugt die Rechtsform eines Investmentfonds, während die Niederlande und Frankreich eine beschränkt haftende Kapitalgesellschaft vorsehen. Ein REIT muss nicht unbedingt an der Börse notiert sein, wenngleich es in der Mehrzahl der Länder, die diese Anlageform eingeführt haben, der Fall ist. In Deutschland muss ein REIT zwingend eine börsennotierte Aktiengesellschaft sein.

REITs werden je nach Anlageschwerpunkt und der Konstruktion in drei Hauptkategorien unterteilt:

- Equity-REITs, die vorwiegend in Immobilien investieren
- Mortgage-REITs, die in Immobilienkredite investieren
- Hybrid-REITs, die eine Kombination aus beiden Formen darstellen.

Equity-REITs besitzen, verwalten und betreiben Immobilien. Die Geschäftsfelder erstrecken sich auf die Projektentwicklung von Immobilien, die Vermarktung (bzw. das Leasing) und das Angebot von vielfältigen Dienstleistungen für Mieter. Hierzu gehört beispielsweise das Facility Management (Gebäudemanagement). Als weitere Differenzierung kommt hinzu, dass sich manche REITs auf bestimmte Immobilienarten konzentrieren. In den letzten Jahren erwiesen sich etwa Immobilien im Bereich des betreuten Wohnens für Senioren oder im Health-Care-Sektor als besonders lukrativ. Einschränkend muss erwähnt werden, dass in Deutschland REITs nicht in Wohnimmobilien investieren dürfen, die vor 2007 erbaut wurden. Einige Lobbygruppen und Mieterschutzverbände hatten massiven Druck auf die Gesetzgebung ausgeübt, um zu verhindern, dass große Wohnimmobilienbestände in REITs überführt werden. Die Lobbyverbände befürchteten vor dem Hintergrund einer polemisch geführten Debatte, dies könnte zu erheblichen Mietsteigerungen führen. In den USA hingegen führte die Einbeziehung von Wohnimmobilien, die es bereits seit Jahrzehnten gibt, nicht zu solchen Folgen. Experten befürchten nun vielmehr, der Finanzstandort Deutschland könnte durch die Ausklammerung von Wohnimmobilien für ausländische Investoren weniger attraktiv sein. Dennoch sind auch im Bereich der Gewerbeimmobilien die Preise in Deutschland vergleichsweise niedrig, so dass sich für ausländische Investoren zahlreiche Möglichkeiten eröffnen. Weitere Chancen resultieren daraus, dass sich REITs auf bestimmte Regionen spezialisieren werden.

Hypotheken-REITs konzentrieren sich auf die Immobilienfinanzierung, d.h. sie verleihen direkt Geld an Immobilienbesitzer oder –betreiber, oder sie finanzieren indirekt Immobilien, indem sie Hypotheken kaufen oder in Hypothekenpfandbriefe investieren. Hybrid-REITs betreiben wie Equity-REITs selbst Immobilien und können gleichzeitig wie Hypotheken-REITs agieren.

REITs erzielen ihre Gewinne hauptsächlich aus der Vermietung und Verpachtung eigener Immobilien und Grundstücke, aus Zinsgewinnen und aus den Gewinnen bei der Veräußerung von Immobilien. Das Vermögen von REITs setzt sich hauptsächlich aus Immobilien, Beteiligungen an anderen Immobiliengesellschaften und Hypothekenkrediten zusammen. Anders als bei offenen Immobilienfonds, die jederzeit die Rücknahme von Fondsanteilen gewährleisten müssen, machen die liquiden Mittel bei REITs normalerweise nur einen geringen Anteil am gesamten Vermögen aus. Die Liquidität eines REITs hängt von den Handelsumsätzen an der jeweiligen Börse ab. Die Höhe der Mindestausschüttung ist gesetzlich festgelegt. Je nach Land reicht hier die Spannbreite von 80 bis 100 Prozent des ausgewiesenen Gewinns.

Das Risiko von REITs kann zwischen Staatsanleihen wie Bundeswertpapieren und einem direkten Engagement in Immobilien angesiedelt werden. REITs sind als börsennotierte Aktiengesellschaften weniger riskant als Aktien aus anderen Branchen, da die Immobilienbestände das Insolvenzrisiko erheblich mindern. Dennoch können auch REITs wie jede Aktie durch Börsenturbulenzen deutlich schwanken und in eine branchen- oder konjunkturbedingte Krise geraten.

In anderen Ländern wie den USA interessieren sich vor allem Versicherungen und Pensionsfonds aufgrund der Wertbeständigkeit der REITs für ein Investment. Der Anteil der institutionellen Anleger beträgt dort zwei Drittel.

5.4.1 Immobilien-Outsourcing

Eine besonders wichtige und für viele Unternehmen herausragende Bedeutung haben REITs beim so genannten Immobilien-Outsourcing. REITs können dafür verwendet werden, betrieblich oder öffentlich genutzte Immobilien (Gewerbeimmobilien, Verwaltungsgebäude, Hotels, Einzelhandelsimmobilien) zu veräußern und an die Börse zu bringen, um das gebundene Kapital freizusetzen. Viele deutsche Unternehmen besitzen riesige Immobilienbestände, die ungenutzt und eher als Belastung in den Bilanzen stehen. Dies ist vor allem bei großen Industrieunternehmen (DaimlerChrysler, Siemens), bei Versicherungen, bei Handelsunternehmen (KarstadtQuelle) und bei Firmen der Fall, die aus historischen Gründen oder aufgrund der Branche über bedeutende Liegenschaften verfügen wie beispielsweise die Deutsche Post oder die Deutsche Bahn. Auch viele Gemeinden verfügen über umfangreiche Bestände an Wohnimmobilien, die jedoch aufgrund der Einschränkung in Deutschland nicht in REITs umgewandelt werden dürfen.

Für die Non-Property-Unternehmen, deren Kerngeschäft gerade nicht im Betreiben und Verwalten von Immobilien liegt, lohnt sich das Ausgliedern dieser Immobilien in einen REIT. Im Ausland ist dieses Vorgehen längst etabliert und gehört zu den wichtigsten Maßnahmen, um die Profitabilität eines Unternehmens zu steigern. Die eigene Verwaltung und Bewirtschaftung ausgedehnter Liegenschaften bindet nicht nur Kapital, sondern reduziert auch die erzielbare Rendite. Deshalb halten in den USA nur 30 Prozent aller Unternehmen Immobilien für betriebliche Zwecke; in Deutschland hingegen liegt der Anteil bei schätzungsweise 70 Prozent. Daher gibt es hierzulande einen wachsenden Bedarf an Immobilien-Outsourcing; denn viele Unternehmen, deren Kerngeschäft nicht die Immobilienwirtschaft ist, wollen den Anteil an Liegenschaften deutlich reduzieren, um so Kosteneinsparungen durchzusetzen.

Der Grund für diesen im internationalen Vergleich auffälligen Entwicklungsrückstand liegt darin begründet, dass in Deutschland bei der Veräußerung von Immobilien stille Reserven aufgelöst werden und dass auf diese Weise die Besteuerung ansteigt. Die stillen Reserven resultieren aus der Differenz zwischen dem zu erzielenden Veräußerungspreis und dem Buchwert der Immobilie. Wenn ein Gebäude jahrzehntelang abgeschrieben wurde, steht es oft nur noch mit einem symbolischen Wert in der Bilanz. Gleichzeitig steigt aber im Laufe der Zeit der Verkehrswert der Immobilie enorm an. Der Wert kann sich je nach Lage der Immobilie vervielfachen. Dadurch entsteht eine enorme Kluft zwischen dem in der Bilanz festgehaltenen, um die Abschreibungen verringerten Buchwert und dem tatsächlichen Wert der Immobilie auf dem Markt. Diese stillen Reserven führen beim Verkauf zu einer hohen steuerlichen Belastung des Unternehmens. Daher halten viele deutsche Firmen an ihren großen Immobilienbeständen fest, auch wenn die Kosten dafür steigen. Mit der Einführung der REITs haben die deutschen Unternehmen zum ersten Mal die Möglichkeit, sich durch Outsourcing steuergünstig von ihren riesigen Immobilienbeständen zu trennen.

Daher wird in Deutschland der Trend zunehmen, sich auf Kernkompetenzen zu konzentrieren und Immobilieneigentum auszugliedern. In der Vergangenheit haben bereits KarstadtQuelle und die Deutsche Bank diese Entwicklung eingeleitet. Auch die Gemeinden haben in den letzten Jahren versucht, den Immobilienbestand durch Verkauf an internationale Investoren zu reduzieren. Neben Verwaltungsgebäuden und speziellen Immobilien betraf dies vor allem öffentliche Wohnungsgesellschaften in Ostdeutschland.

Ein typisches Beispiel ist die Stadt Dresden: Im Jahre 2006 erzielte die Stadt einen Reinerlös von einer Milliarde Euro, als die Wohnungsbaugesellschaft Woba 49.000 Wohnungen an Fortress verkaufte. Dank dieser Transaktion konnte die Landeshauptstadt von Sachsen alle Schulden sofort zurückzahlen. Anders verlief es in der Universitätsstadt Freiburg in Südbaden. Mit einem Bürgerentscheid im Jahre 2006 wurde der Verkauf städtischer Wohnungen blockiert.

Vor allem institutionelle Investoren aus Großbritannien zeigen ein ausgeprägtes Interesse an deutschen Wohnimmobilien, da hierzulande die Mieten aufgrund der strukturellen Krise in Ostdeutschland und der mieterfreundlichen Gesetzgebung relativ niedrig sind. Weitere Mietrückgänge sind nicht zu befürchten, da das Mietniveau in den meisten ostdeutschen Bundesländern bereits einen Tiefststand erreicht hat. Ausländische Investoren halten diese Bodenbildung beim Mietpreisniveau für eine sichere Grundlage, zumal Immobilien in Deutschland im internationalen Vergleich günstig bewertet sind. Ein weiterer Pluspunkt, der ausländische Investoren überzeugt, ist die geringe Eigentumsquote in Deutschland. Während EU-Länder wie Irland oder Spanien an der Spitze stehen, ist in Deutschland die Zahl der Haus- oder Wohnungseigentümer insbesondere in städtischen Ballungsgebieten gering ausgeprägt. Ursache dafür sind die hohen Baukosten und die ausufernden Bauvorschriften und Energiesparmaßnahmen, die das Bauen enorm verteuern. Wegen der niedrigen Eigentumsquote besteht in Deutschland noch erheblicher Nachholbedarf beim Erwerb von Eigenheimen.

Zahlreiche kleinere und mittelgroße Gemeinden ziehen daher einen Verkauf ihrer Bestände in Betracht. Allerdings werden in vielen ostdeutschen Städten zahlreiche Plattenbauten abgerissen, zumal aufgrund der demographischen Entwicklung viele Regionen durch die Abwanderung in den Westen einen kontinuierlichen Bevölkerungsschwund verzeichnen. Die häufigsten Gründe für einen Verkauf sind ein ausgeprägter Sanierungsstau, der bei großen Wohnungsbeständen häufig auftritt, und die Notwendigkeit der Schuldentilgung.

Das Immobilien-Outsourcing mit Hilfe von REITs ist aber aufgrund der Beschränkung auf Gewerbeimmobilien vor allem ein Thema für Unternehmen. Das Marktvolumen, das sich wegen der in Immobilien angesammelten stillen Reserven ergibt, wird nach Expertenmeinung auf 60 Milliarden Euro taxiert. Eine Verdoppelung ist schon bis zum Jahr 2010 denkbar. Die Vorteile für die Unternehmen sind unübersehbar: Da REITs Steuervorteile haben, ist es möglich, die stillen Reserven, die in Immobilien enthalten sind, steuerschonend aufzulösen und in einen REIT auszulagern. Durch die Konzentration auf das Kerngeschäft profitieren die Unternehmen, und die ausgelagerten Immobilien können in einem REIT professionell und renditeorientiert gemanagt werden. Der Handel an der Börse erleichtert die Investition in solche gewerblichen Immobilien und zieht noch mehr institutionelle Investoren an.

Aufgrund der hohen Belastung durch Immobilien haben in der Vergangenheit, als die Option REIT noch nicht vorhanden war, Unternehmen bereits durch Verkauf sich eines Teils ihrer Immobilienbestände entledigt. Ein charakteristisches Beispiel ist der Automobilkonzern DaimlerChrysler. Die Konzernzentrale in Stuttgart-Möhringen wurde veräußert und anschließend zurückgemietet. Durch diese Verlagerung konnten die Kosten für die Bewirtschaftung deutlich verringert werden. Der Vorstand mit den wichtigsten Stabsstellen residiert nun in der Nähe der Produktionsstätten in Stuttgart-Untertürkheim, wo auch die Motoren hergestellt werden. 2006 wurden 13 Objekte im Wert von 300 Millionen Euro an die französische Immobiliengruppe Icade verkauft.

Der Buchwert lag bei 200 Millionen Euro, so dass durch die Transaktion eine stille Reserve von 100 Millionen Euro realisiert wurde.

Dennoch hat DaimlerChrysler aufgrund des beträchtlichen Immobilienbestandes noch weiteren Handlungsbedarf. Experten schätzen, dass auch die teueren, prestige-trächtigen Immobilien am Potsdamer Platz in Berlin nicht unmittelbar betriebsnot-wendig sind und ausgelagert werden könnten. Ende 2005 verfügte der schwäbische Konzern über Gebäude und Grundstücke im Wert von zirka 21 Milliarden Euro. Als Buchwert standen in der Bilanz nur ungefähr 10 Milliarden Euro. Die sich daraus ergebenden stillen Reserven machen ein Fünftel des gesamten Börsenwerts von Daimler-Chrysler aus. Der Automobilkonzern verfügt über das größte Immobilien-vermögen von allen im DAX zusammengefassten Unternehmen. Man schätzt zudem, dass ein Viertel des Gesamtwerts aller DAX-Unternehmen aus Immobilien besteht. Über enorme Immobilienbestände verfügen vor allem neben DaimlerChrysler die Deutsche Telekom und Volkswagen. Setzt man den Immobilienbestand in Relation zur Marktkapitalisierung, so führen Volkswagen, wo der Immobilienanteil mehr als ein Drittel der Marktkapitalisierung ausmacht, Lanxess und das kupferverarbeitende Unternehmen Deutsche Affinerie die Rangliste an.

Das Immobilien-Outsourcing wird vor allem für Dienstleistungsunternehmen interes-sant werden, da diese nicht unbedingt auf Immobilien angewiesen sind und durch die Ausgliederung eine besser Kapitalallokation vornehmen können. Industrieunterneh-men hingegen sind eher auf eigene Immobilien für ihre Standorte angewiesen.

Ein Beispiel für erfolgreiches Immobilien-Outsourcing ist KarstadtQuelle, das auf-grund mangelnder Innovationsfähigkeit in eine schwere Krise geriet. Um diese Situa-tion zu meistern, verkaufte KarstadtQuelle im Jahr 2006 Immobilien an den Finanz-investor Whitehall und reduzierte die Verschuldung des Unternehmens deutlich. Auch EON und Thyssen Krupp trennten sich 2005 von Wohnungsbeständen.

Ein anderes Beispiel ist das Handelsunternehmen Metro, das über ein beträchtliches Immobilienvermögen verfügt, das auf 12 Milliarden Euro geschätzt wird. Die Deut-sche Post könnte durch die Ausgliederung ihres beträchtlichen Immobilienvermögens sämtliche Verbindlichkeiten abbauen und die Rendite deutlich steigern. Bei den Im-mobilien der Deutschen Post handelt es sich überwiegend um Briefsortierzentren und Filialen. Im Logistikbereich nutzt die DHL schon hauptsächlich geleaste oder gemie-tete Immobilien. Wegen des Auslaufens des Briefmonopols Ende 2007 ist die Deut-sche Post einem erheblichen Wettbewerbsdruck ausgesetzt und muss flexibler agie-ren. Ein Immobilien-Outsourcing würde die Ausgangssituation erheblich verbessern.

Aufgrund dieser Entwicklungen und Sachverhalte ergeben sich für REITs außerge-wöhnliche Chancen. Denn langfristig werden alle größeren Unternehmen, sich aus Gründen der Renditeorientierung von einem Teil ihres Immobilienbestandes trennen. Die Umwandlung in REITs ermöglicht es den Unternehmen, die stillen Reserven unter Nutzung von Steuervorteilen aufzulösen, Verbindlichkeiten zu reduzieren und die Rendite zu steigern. Der Verschuldungsgrad des Unternehmens wird deutlich reduziert. Das Unternehmen hat durch die Auflösung stiller Reserven ein höheres Eigenkapital und verbessert die Liquiditätsposition.

In den folgenden Jahren werden REITs zum bedeutendsten Instrument für das Immobilien-Outsourcing aufsteigen. Das riesige Potenzial wird zu einer Vielzahl von REIT-Gründungen führen, die an die Börse drängen. Dadurch wird der deutsche Immobilienmarkt für ausländische Investoren zum wichtigsten Markt in ganz Europa.

5.4.2   Merkmale des deutschen REIT

In Deutschland gab es als indirekte Immobilienanlage bisher nur die offenen Immobilienfonds. Obwohl zahlreiche Immobilien-Aktiengesellschaften in Deutschland eine Börsennotierung haben, spielten sie bislang nur eine untergeordnete Rolle. Erst in den letzten Jahren wurden sie von Anlegern entdeckt. Die geschlossenen Immobilienfonds weisen zahlreiche Risiken auf, und es gibt für sie keinen funktionierenden Sekundärmarkt, so dass Anleger über lange Jahre an das Investment gebunden sind. REITs sind daher für viele Anleger eine interessante Innovation, die unzählige Vorteile aufweist:

- Die REIT-Aktien werden an der Börse täglich gehandelt und unterliegen den strengen Bilanzierungsvorschriften des Handelsgesetzbuches. Ihre Transparenz ist noch größer als die von offenen Immobilienfonds.
- REITs haben enorme Vorteile, denn sie müssen weder Körperschaft- noch Gewerbesteuer entrichten; der Gesetzgeber verpflichtet sie aber, 90 Prozent des Gewinns an die Aktionäre als Dividende auszuschütten. Die Besteuerung erfolgt ausschließlich bei den Anlegern, die die Einkünfte nach ihrem persönlichen Einkommensteuersatz zu versteuern haben. Eine Doppelbesteuerung der Erträge findet folglich nicht statt.
- Die offizielle Börsennotierung garantiert eine strenge Börsenaufsicht und damit die Garantie, dass alle Umsätze sorgfältig kontrolliert werden und dass jederzeit ausreichend Liquidität vorhanden ist. Es gelten die strengen Bestimmungen des Aktiengesetzes.
- REITs können sich stärker als offene Immobilienfonds auf bestimmte Immobilienarten (Hotels, Gewerbeimmobilien, Health Care) konzentrieren oder bestimmte Regionen (Ballungsgebiete, Tourismus) spezialisieren.

Deutsche REITs können in- und ausländische Immobilien kaufen, halten, verwalten und veräußern. Nur deutsche Wohnimmobilien, die vor 2007 entstanden, dürfen nicht von REITs erworben werden. Außerdem haben sie die Möglichkeit, Anteile an Immobiliengesellschaften zu erwerben, zu halten und zu veräußern. Nebenleistungen, die sich auf den Immobilienmarkt beziehen (wie beispielsweise Handel oder

Maklergeschäfte) sind eingeschränkt möglich. Für den Jahresabschluss gelten die Regelungen des europäischen Rechnungslegungsstandards IFRS. Der Immobilienbestand des REITs soll im Jahresabschluss nach IFRS 40 zu Verkehrswerten ohne Wahlrecht ausgewiesen werden. Investitionen im Ausland sind steuerbefreit, wenn es mit dem jeweiligen Land ein Doppelbesteuerungsabkommen gibt.

Besonders vorteilhaft für Unternehmen ist die so genannte Exit Tax. Da beim Immobilien-Outsourcing stille Reserven aufgelöst werden, würde dies zu erheblichen Steuerbelastungen führen. Bei der Gründung eines REITs gibt es einen Vorteil: Die freiwerdenden stillen Reserven werden nur mit dem halben Steuersatz belegt. Diese Vorzugsregelung gilt für eine Übergangsfrist von fünf Jahren. Eine solche Steuerbegünstigung gilt auch für so genannte „Vor-REIT", also Unternehmen, die als Kapitalgesellschaft bereits alle Voraussetzungen erfüllen, aber noch nicht börsennotiert sind. Zu den wichtigsten Charakteristika der deutschen REITs zählen:

- Mindestausschüttung
- Schwerpunkt bei der Immobilienanlage
- Mindeststreuung der REIT-Aktien
- Ausschluss des Immobilienhandels

Im Folgenden werden die einzelnen Merkmale deutscher REITs ausführlicher erläutert.

5.4.2.1   Aufgabenbereiche von REITs

REITs investieren in alle Arten von Immobilien: Bürogebäude, Hotels, Logistik- und Fabrikanlagen, Einkaufszentren, Freizeitparks, Krankenhäuser, Senioreneinrichtungen und andere.

REITs können sich auf bestimmte Immobilien, Länder oder Regionen spezialisieren.

Der Aufgabenbereich von REIT-Aktiengesellschaften, die ihren Sitz in Deutschland haben müssen, bezieht sich auf den Erwerb und die Verwaltung von Eigentum und dinglichen Rechten an in- und ausländischen Immobilien. Ausgeklammert sind inländische Bestandswohnimmobilien, die vor dem 1. Januar 2007 errichtet wurden. Bei ausländischen Wohnimmobilien sind der Erwerb und die Verwaltung jederzeit möglich, sofern der betreffende Staat in seiner Gesetzgebung die Verwaltung und den Betrieb durch ausländische REITs gestattet. Die Verwaltung bezieht sich auf Tätigkeiten wie Vermietung, Verpachtung und Leasing sowie immobiliennahe Hilfstätigkeiten und Dienstleistungen bei der Verwaltung und Veräußerung von Immobilien.

Zu den Hilfstätigkeiten zählen nur solche, die dem eigentlichen Hauptgeschäftsfeld – nämlich dem Immobilienmanagement – dienen. Als immobiliennah gelten nur solche Dienstleistungen und Tätigkeiten, die unmittelbar der Verwaltung und Fortentwicklung von Immobilienbeständen dienen; hierzu gehören beispielsweise die technische und kaufmännische Bestandsverwaltung, die Mietbestandsverwaltung, die Vermitt-lungstätigkeit, die Projektsteuerung und -entwicklung.

REITs ist es zudem erlaubt, Anteile an Immobilienpersonengesellschaften zu erwer-ben, zu halten, zu verwalten und zu veräußern. Dies schließt auch Anteile an Aus-landsobjektgesellschaften und an Kapitalgesellschaften mit ein, die persönlich haf-tende Gesellschafter an einer Immobilienpersonengesellschaft sind. Das Halten von Kapitalgesellschaften wird gestattet, soweit diese als Komplementär einer Personen-gesellschaft fungieren, an der sie vermögensmäßig nicht beteiligt sind. Diese Rege-lung wurde eingeführt, um die Ausbildung von inländischen Konzernstrukturen zu ermöglichen, da es REIT-Aktiengesellschaften nicht möglich ist, Immobilien durch inländische immobilienverwaltende Tochterkapitalgesellschaften zu halten. Als Al-ternative wird die Strukturierung von gemischten Rechtsformen wie Tochter-GmbH & Co. KGen und ähnlicher Personengesellschaften ermöglicht.

Auslandsobjektgesellschaften sind im Prinzip ausländische REITs; sie müssen min-destens 90 Prozent des Gesamtvermögens als Immobilien halten oder den entspre-chenden gesetzlichen Vorgaben des jeweiligen Staates entsprechen. Darüber hinaus dürfen REITs auch Anteile an REIT-Dienstleistungsgesellschaften erwerben, halten, verwalten und veräußern.

Nebentätigkeiten wie Dienstleistungen, die gegen Entgelt für Dritte erbracht werden, müssen über eine REIT-Dienstleistungsgesellschaft abgewickelt werden.

5.4.2.2   Veräußerungsgewinne und Einnahmen

75 Prozent der Aktiva des REITs müssen Immobilien sein. Der Anteil der Aktiva einer REIT-Dienstleistungsgesellschaft bei der Aufstellung eines Konzernabschlus-ses des REITs darf höchstens 20 Prozent betragen. 75 Prozent der Umsatzerlöse zu-züglich der sonstigen Erlöse aus Immobilien eines Geschäftsjahres müssen aus Ver-mietung, Leasing, Verpachtung sowie immobiliennahen Tätigkeiten oder der Veräußerung von Immobilien stammen. Die Umsatzerlöse aus REIT-Dienstleistungs-gesellschaften zuzüglich der sonstigen Erträge dürfen im Konzernabschluss die Grenze von 20 Prozent nicht überschreiten.

Zu den sonstigen Erträgen aus Immobilien zählen nicht regelmäßig wiederkehrende Erträge, erfolgswirksam erfasste Bewertungsgewinne und -verluste, realisierte Ver-äußerungsverluste sowie Erträge aus Vermietung, Leasing, Verpachtung und Veräu-ßerung von unbeweglichem Vermögen, soweit sie nicht unter den Umsatzerlösen zu erfassen sind. Bewertungsgewinne und -verluste sind Gewinne und Verluste aus dem Ansatz des als Finanzinvestition gehaltenen unbeweglichen Vermögens im Einzel-bzw. Konzernabschluss mit dem beizulegenden Zeitwert im Sinne des IAS 40. Er-folgt der Ansatz des als Finanzinvestition gehaltenen unbeweglichen Vermögens im Einzel- bzw. Konzernabschluss der REIT-Aktiengesellschaft gemäß IAS 40 mit den fortgeführten Anschaffungskosten, sind in einer Nebenrechnung Bewertungsgewinne und Vorabverluste zu ermitteln und den sonstigen Erträgen hinzuzufügen.

Neben Miet- und Pachteinnahmen und den Umsätzen, die durch immobiliennahe Dienstleistungen (Facility Management, Projektentwicklung, Maklertätigkeit) erzielt werden, entstehen auch Gewinne durch den Verkauf von Immobilien. Da Immobilienunternehmen über das erforderliche Know-how verfügen, können sie wesentlich leichter Gewinne aus der Wertsteigerung ziehen als Unternehmen, für die das Immobilienmanagement nur eine sekundäre Aufgabe ist.

In einem Zeitraum von fünf Jahren dürfen höchstens 50 Prozent des Immobilienportfolios veräußert werden. Die Nebentätigkeiten, die sich aus den immobilienbezogenen Dienstleistungen ergeben, müssen in eine getrennte Tochtergesellschaft ausgelagert werden, da diese Dienstleistungen in vollem Umfang steuerpflichtig sind und zu den Nebengeschäften gerechnet werden.

Der Umfang solcher Tätigkeiten ist beschränkt und darf nicht mehr als 20 Prozent des Gesellschaftsvermögens und 20 Prozent der Bruttoerträge betragen.

Die erzielten Veräußerungsgewinne können bis zu 50 Prozent in eine Gewinnrücklage eingestellt werden, was jedoch den ausschüttungsfähigen Gewinn verringert. Wenn die Rücklagen aufgelöst werden, können diese mit den Anschaffungs- oder Herstellungskosten von Immobilien, die im Jahr der Ausschüttung erworben wurden, verrechnet werden.

5.4.2.3   Der Vor-REIT

Ein Vor-REIT ist die Vorstufe eines Real Estate Investment Trusts. Wenn ein Unternehmen bestimmte Voraussetzungen erfüllt, ist die Umwandlung in einen REIT möglich. Hierfür muss das Unternehmen beim Bundeszentralamt für Steuern als Vor-REIT registriert sein und beweisen, dass sich der Tätigkeitsbereich des Unternehmens nur auf jene Felder erstreckt, die für REITs zulässig sind.

Ein Vor-REIT muss innerhalb von drei Jahren nach der Registrierung die Zulassung zum Börsenhandel stellen. Eine Verlängerung um ein Jahr, die bei der Bundesanstalt für Finanzdienstleistungsaufsicht bewilligt werden kann, ist nur möglich, wenn der Vor-REIT die Verzögerung nicht zu verantworten hat.

Immobilien-Aktiengesellschaften, die bisher die Bedingungen noch nicht erfüllen (weil sie beispielsweise noch Bestandsmietwohnimmobilien haben), soll auf diese Weise ermöglicht werden, die Zusammensetzung ihres Immobilienportfolios innerhalb eines Übergangszeitraumes anzupassen. Ein Vor-REIT, der es versäumt, den Antrag rechtzeitig zu stellen, oder dessen Verlängerung abgelehnt wurde, verliert den Status als Vor-REIT. Eine neue Zulassung kann jedoch beantragt werden.

5.4.2.4 Börsenzulassung

Die REIT-Aktiengesellschaften unterliegen den strengen Vorschriften des Aktiengesetzes. Die Aktien der REIT müssen zum Handel an einer Wertpapierbörse in einem Mitgliedstaat der Europäischen Union oder in einem anderen Vertragsstaat des Abkommens über den Europäischen Wirtschaftsraum (beispielsweise in der Schweiz oder in Norwegen) zugelassen sein.

Der Wirtschaftsprüfer muss feststellen, ob die erforderliche Streubesitzquote zum Bilanzstichtag erfüllt wurde und ob die Beschränkung des maximalen Anteilsbesitzes eingehalten wurde. Der Mindestnennbetrag des Grundkapitals der Aktiengesellschaft muss 15 Millionen Euro betragen. Sämtliche Aktien des REITs müssen als stimmberechtigte Aktien emittiert werden, die nur gegen die volle Zahlung des Ausgabebetrags ausgegeben werden dürfen.

Die Deutsche Börse plant, die 20 größten REITs in einem eigenen Index zusammenzufassen, dem RX REIT Index, der die Wertentwicklung dieser speziellen börsennotierten Immobiliengesellschaften widerspiegeln soll.

5.4.2.5 Streuung der Aktien

Der Gesetzgeber hat mehrere Regeln eingeführt, um sicherzustellen, dass REITs auch Kleinanlegern offen stehen. Zu diesem Zweck wurde ein hoher Streubesitz festgeschrieben. 15 Prozent der Aktien müssen sich im Streubesitz (Free Float) befinden. Der Gesetzgeber hat außerdem eine so genannte initiale Streubesitzquote erlassen; zum Zeitpunkt der Börsenzulassung müssen mindestens 25 Prozent der Aktien im Streubesitz sein. Innerhalb der Streubesitzquote ist der Höchstanteil eines einzelnen Aktionärs auf 3 Prozent begrenzt. Durch diese Regelung zwingt man Immobiliengesellschaften, die sich in einen REIT umwandeln wollen, für eine ausreichende Beteiligung von Kleinaktionären zu sorgen.

Kein Anleger darf mehr als 10 Prozent der Aktien halten oder mehr als 10 Prozent der Stimmrechte innehaben. Dies gilt auch, wenn Aktien für die Rechnung eines Dritten gehalten werden.

5.4.2.6 Die Mindestausschüttung

Die deutschen REITs müssen mindestens 90 Prozent ihres ausschüttungsfähigen Gewinns an die Aktionäre bis zum Ende des folgenden Geschäftsjahres ausschütten. Als Bemessungsgrundlage der Mindestausschüttung dient der nach dem Handelsgesetzbuch ermittelte Gewinn. Dabei darf der Gewinn bei Bildung einer Rücklage gemindert werden, muss aber bei der Auflösung der Rücklage entsprechend erhöht werden. Die REITs sind auf Kapitalerhöhungen angewiesen, wenn sie ihre Kapitalbasis ausweiten möchten. Bei der Ermittlung des Jahresüberschusses sind planmäßige Abschreibungen nur in gleich bleibenden Jahresraten (lineare Abschreibung) zulässig.

Gewinne einer REIT-Aktiengesellschaft aus der Veräußerung von Immobilien können im handelsrechtlichen Jahresabschluss bis zur Hälfte in eine Rücklage eingestellt werden. Die Rücklage ist bis zum Ablauf des zweiten auf das Jahr der Einstellung folgenden Geschäftsjahres aufzulösen und erhöht den ausschüttungsfähigen Betrag, soweit die Rücklage nicht von den Anschaffungs- oder Herstellungskosten von Immobilien abgezogen worden ist. Gehörte das veräußerte unbewegliche Vermögen bereits zum Beginn der Steuerbefreiung zum Betriebsvermögen der REIT-Aktiengesellschaft, ist der Veräußerungsgewinn als Summe aus dem Veräußerungsgewinn I und dem Veräußerungsgewinn II zu ermitteln. Der Veräußerungsgewinn I ist die Differenz zwischen dem Buchwert in der Handelsbilanz und dem im Rahmen von steuerlichen Gewinnermittlungen vor dem Beginn der Steuerbefreiung für den Grund und Boden oder das Gebäude angesetzten Wert. Der restliche Veräußerungsgewinn bildet den Veräußerungsgewinn II. Für die Rücklage darf nur der Veräußerungsgewinn II verwendet werden.

5.4.2.7   Passive Immobilienbewirtschaftung

REITs müssen ihr Hauptgeschäftsfeld im Bereich der passiven Immobilienbewirtschaftung haben. Dies bedeutet, dass der Fokus auf der Bewirtschaftung und Verwaltung von Immobilien liegt, nicht aber im Bereich des Immobilienhandels. Der Immobilienhandel ist daher gesetzlich ausgeschlossen.

Innerhalb von fünf Jahren darf die Hälfte des durchschnittlichen Immobilienbestandes der REIT-Aktiengesellschaft sowie der im Konzernabschluss einzubeziehenden Tochtergesellschaften ausgetauscht werden.

5.4.2.8   Bilanzierung und Gewinnermittlung

Grundsätzlich richtet sich die Bilanzierung und Gewinnermittlung bei REITs nach der in Deutschland üblichen Bilanzierung nach dem Handelsgesetzbuch, die für alle Einzelunternehmen verpflichtend ist. Unter Umständen kann sich aber auch bei einem Konzernabschluss eine Bilanzierung nach IFRS ergeben.

Bei der Bewertung von Immobilien gilt der beizulegende Zeitwert im Sinne des IAS 40. Wird das in IAS 40 eingeräumte Wahlrecht zugunsten des Anschaffungskostenmodells ausgeübt, sind die Fair-Value-Angaben dem Anhang beizufügen. Dennoch gibt es für REITs einige Besonderheiten, die von den üblichen Bilanzierungsvorschriften teilweise abweichen. So sind beispielsweise die Abschreibungen bei Immobilien auf zwei Prozent jährlich und die lineare Abschreibungsmethode beschränkt. Um die Ergebnisse der REIT-Aktiengesellschaften vergleichbar zu gestalten, macht das Gesetz eine Vorgabe zur Ermittlung des handelsrechtlichen Jahrsüberschusses. Zur Sicherung hoher Ausschüttungen an die Aktionäre wird bei der regelmäßigen

Abschreibung nur die Abschreibung mit gleich bleibenden Jahresbeträgen erlaubt. Eine außerplanmäßige Abschreibung bleibt zulässig.

Eine erhöhte Ausschüttung ergibt sich, wenn das Steuerrecht höhere Abschreibungen als in der Handelsbilanz vorsieht. Der Gesetzgeber sieht zusätzliche Ausschüttungen vor, denn die HGB-Bilanzierung ist im Vergleich mit den internationalen Rechnungslegungsstandards zu restriktiv und würde zu einer Benachteiligung deutscher REITs führen.

Aufgrund dieser Lockerung können REITs sehr flexibel die Dividendenausschüttung regeln und auch Ausschüttungen aus der Substanz des Unternehmens vornehmen. Um dem Gläubigerschutz Rechnung zu tragen, wurde das Ausmaß der Fremdfinanzierung eingeschränkt. Anders als in den meisten Ländern schreibt das deutsche REIT-Gesetz eine Mindesteigenkapitalquote von 45 Prozent auf den Betrag vor, mit dem der Immobilienbestand im Einzel- oder Konzernabschluss angesetzt ist.

Wenn der Immobilienanteil bei einer realistischen Einschätzung am Aktivvermögen zwischen 75 und 90 Prozent liegt, ergibt sich daraus eine Eigenkapitalquote zwischen 33,75 und 40,5 Prozent bezogen auf das Gesamtvermögen.

5.4.2.9   Besteuerung der REITs

Die Erträge eines REITs werden weder zur Körperschaftsteuer noch zur Gewerbsteuer herangezogen. Die Steuerbefreiung tritt zu Beginn des Wirtschaftsjahres ein, in dem die REIT-Aktiengesellschaft nach der Anmeldung in das Handelsregister eingetragen wird.

Die Steuergesetzgebung in den USA ist restriktiver. Denn die Erträge sind in den USA nur dann von der Körperschaftsteuer ausgenommen, wenn sie an die Aktionäre als Dividende ausgeschüttet werden. Nicht ausgeschüttete Gewinne, die in den Vereinigten Staaten höchstens fünf Prozent erreichen dürfen, unterliegen der Körperschaftsteuer.

5.4.2.9.1   Überschreitung der Beteiligungshöchstgrenze

Wenn ein Aktionär entgegen der gesetzlichen Bestimmung zehn Prozent oder mehr des Kapitals hält, bleibt die Steuerbefreiung bestehen, und der Aktionär hat auch Anspruch auf die Dividende und sein Stimmrecht. Die Rechte, die er jedoch aus der Beteiligung geltend machen kann, beschränken sich auf eine Beteiligung von weniger als 10 Prozent. Dasselbe gilt für die Anwendung der Doppelbesteuerungsabkommen.

5.4.2.9.2   Unterschreitung der 75-Prozent-Grenze beim Immobilienbestand

Besteht das gesamte Vermögen der inländischen REIT-Aktiengesellschaft zum Ende eines Wirtschaftsjahres zu weniger als 75 Prozent aus Immobilien, setzt die zuständige Finanzbehörde eine Zahlung gegen die Aktiengesellschaft fest. Die Zahlung beträgt mindestens 1 Prozent und höchstens 3 Prozent des Betrages, um den der Anteil des Immobilienbestandes unter dem Anteil von 75 Prozent bleibt. Bei der Festsetzung der Zahlung berücksichtigt die Finanzbehörde, ob und wie oft bereits in früheren Wirtschaftsjahren das Unternehmen hinter der Vorgabe von 75 Prozent zurückgeblieben ist.

5.4.2.9.3   Unterschreitung der 75-Prozent-Grenze bei den Bruttoerträgen

Stammen in einem Wirtschaftsjahr weniger als 75 Prozent der Bruttoerträge der inländischen REIT-Aktiengesellschaft aus der Vermietung und Verpachtung oder der Veräußerung von Immobilien, setzt die zuständige Finanzbehörde eine Zahlung gegen die Aktiengesellschaft fest. Die Zahlung beträgt mindestens 10 Prozent und höchstens 20 Prozent des Betrages, um den die Bruttoerträge aus der Vermietung und Verpachtung oder der Veräußerung von unbeweglichem Vermögen hinter der Vorgabe von 75 Prozent der Bruttoerträge zurückbleiben.

5.4.2.9.4   Unterschreitung der Ausschüttungsquote von 90 Prozent

Schüttet eine inländische REIT-Aktiengesellschaft bis zum Ende des folgenden Wirtschaftsjahres weniger als 90 Prozent des Jahresüberschusses an die Anteilseigner aus, setzt die zuständige Finanzbehörde eine Zahlung gegen die Kapitalgesellschaft fest. Die Zahlung beträgt mindestens 20 Prozent und höchstens 30 Prozent des Betrages, um den die tatsächliche Ausschüttung hinter der Vorgabe von 90 Prozent des berechneten Jahresüberschusses zurückbleibt.

5.4.2.9.5   Entgeltliche Nebentätigkeiten

Erbringt die REIT-Aktiengesellschaft oder eine ihr nachgeordnete Immobilienpersonengesellschaft entgeltliche Nebentätigkeiten für Dritte, setzt die zuständige Finanzbehörde eine Zahlung gegen die Aktiengesellschaft fest. Die Zahlung beträgt mindestens 20 und höchstens 30 Prozent der durch die entgeltliche Nebentätigkeit erzielten Einnahmen.

Alle Kerngeschäfte eines REITS sind von der Steuer befreit. Daher müssen Nebentätigkeiten, die der Steuer unterliegen, von einer getrennten Tochtergesellschaft abgewickelt werden. Zu den Hauptgeschäften eines REITs gehören alle immobiliennahen Geschäfte wie der Erwerb, die Verwaltung und die Projektentwicklung.

5.4.2.10   Verlust der Steuerbefreiung

Wenn während dreier aufeinander folgender Wirtschaftsjahre weniger als 15 Prozent der Aktien der REIT-Aktiengesellschaft im Streubesitz sind, endet die Steuerbefreiung mit Ablauf des dritten Wirtschaftsjahres. Beim Verstoß gegen die Vorschrift über die Höchstbeteiligung während dreier aufeinander folgender Wirtschaftsjahre endet die Steuerbefreiung ebenfalls mit Ablauf des dritten Wirtschaftsjahres.

5.4.2.11 Besteuerung der Aktionäre von REITs

Die Ausschüttungen der REIT-Aktiengesellschaft sowie sonstige Vorteile, die neben oder an Stelle der Ausschüttungen gewährt werden, gehören zu den Einkünften aus Kapitalvermögen, wenn sie nicht Betriebseinnahmen des Anteilseigners sind. Alle Ausschüttungen und sonstige Bezüge einer deutschen REIT-Aktiengesellschaft werden von den Anlegern versteuert. Das bei Dividenden sonst anzuwendende Halbeinkünfteverfahren gilt in diesem Fall nicht, so dass die Ausschüttungen in voller Höhe besteuert werden.

Wenn der Aktionär die Kapitalertragsteuer entrichtet, beträgt die Kapitalertragsteuer 25 Prozent. Wenn hingegen der Schuldner, d.h. die REIT-Aktiengesellschaft, die Steuer begleicht, wird eine Steuer von 33,33 Prozent erhoben.

Werden 10 Prozent oder mehr der Aktien, der stimmberechtigten Aktien oder der Stimmrechte indirekt gehalten oder kontrolliert, so wird im Fall der Anwendung eines Doppelbesteuerungsabkommens ungeachtet darin enthaltener oder für seine Anwendung vereinbarter weitergehender Vergünstigungen die deutsche Quellensteuer auf die Ausschüttungen stets mit dem Satz erhoben, den das Doppelbesteuerungsabkommen für Fälle des indirekten Haltens oder der Kontrolle von weniger als 10 Prozent der Aktien, der stimmberechtigten Aktien oder der Stimmrechte vorsieht.

5.4.2.12 Die Exit Tax

Eine besonders wichtige Regelung, die das Immobilien-Outsourcing von großen deutschen Unternehmen beschleunigen wird, ist die so genannte Exit Tax. Es handelt sich um eine steuerliche Vergünstigung für Unternehmen, die bis zum 31. Dezember 2009 befristet ist. Innerhalb dieser Übergangsfrist werden Grundstücke und Gebäude nur mit dem halben Einkommen- und Körperschaftsteuersatz belastet, wenn die Immobilien an einen REIT oder an einen Vor-REIT veräußert werden. Voraussetzung ist jedoch, dass die Immobilie sich bereits 5 Jahre im Betriebsvermögen befand. Dann wird der Unterschied zwischen dem in der Bilanz erfassten Buchwert und dem Veräußerungspreis oder die Betriebsvermögensmehrung nur zur Hälfte besteuert. Wenn eine steuerpflichtige Aktiengesellschaft sich in einen steuerbefreiten REIT umwandelt, sind die in Grund und Boden und Gebäude enthaltenen stillen Reserven aufzudecken und zu versteuern.

Dasselbe gilt für Betriebsvermögensmehrungen, die aufgrund der Eintragung eines Steuerpflichtigen in das Handelsregister als REIT-Aktiengesellschaft auf Grund und Boden sowie Gebäude entstehen, wenn diese Wirtschaftsgüter vor dem 1. Januar 2005 angeschafft oder hergestellt wurden, und die Schlussbilanz auf einen Zeitpunkt vor dem 1. Januar 2010 aufzustellen ist.

Mit diesem Instrument möchte die Bundesregierung den Unternehmen es ermöglichen, vorhandene Immobilienbestände leichter auszugliedern. Die Entstehung von REITs wird dadurch nachhaltig gefördert und vorangetrieben. Für Unternehmen mit

großen Immobilienportfolios ist dies ein steuergünstiges Instrument, um den Immobilienanteil zu reduzieren und die Verwaltung der Liegenschaften renditeorientiert zu
gestalten.

Ähnlich wie in den USA werden die großen deutschen Unternehmen ihr Immobilieneigentum deutlich reduzieren, auslagern und einem kompetenten Management in
einem REIT übertragen, so dass dadurch die Effizienz des Immobilienmanagements
erheblich verbessert wird. Das freiwerdende Kapital aus dem Immobilien-
Outsourcing gestattet eine stärkere Konzentration auf die Kernkompetenzen und eine
Ausweitung der Investitionen in den Kerngeschäften.

Ein gewisses Problem bei der Besteuerung von REITs ergibt sich aus den Doppelbesteuerungsabkommen. Da REITs Dividenden ausschütten, entstehen beim Anleger
keine Einkünfte aus Vermietung und Verpachtung, sondern aus Kapitalerträgen. Bei
diesen ist in den Doppelbesteuerungsabkommen meist geregelt, dass die Versteue-
rung in dem Land erfolgt, in dem der Anleger seinen Wohnsitz hat. Dadurch könnten
ausländische Investoren Steuervorteile erlangen, wenn in ihrem Heimatland Dividenden viel geringer besteuert werden als in Deutschland oder wenn ausländische
Kapitalerträge überhaupt nicht der Steuer unterliegen.

Auf die ausgeschütteten Dividenden ist eine Quellensteuer von in der Regel 15 Prozent zu entrichten. Hält der ausländische Anteilseigner im Rahmen einer „Schachtel-
beteiligung" mehr als 25 oder 10 Prozent (was von dem jeweiligen Doppelbesteuerungsabkommen abhängt), verringert sich dieser Steuersatz auf fünf Prozent oder
entfällt vollständig. Aus diesem Grund könnte die Einführung von REITs zu erheblichen Steuerausfällen führen. Genau dies ist geschehen, als vor einigen Jahren in
Frankreich REITs eingeführt wurden. Immobiliengesellschaften, die in Spanien an-
sässig waren, erwarben REITs aus Frankreich und mussten auf die Ausschüttungen
keinerlei Steuern entrichten. Denn aufgrund eines Doppelbesteuerungsabkommens
zwischen Frankreich und Spanien entfiel die Steuerpflicht.

Nach dem britischen Vorbild wird deshalb die direkte Beteiligung auf zehn Prozent
beschränkt. 15 Prozent der Aktien müssen Aktionären gehören, die jeweils nicht
mehr als 3 Prozent an der REIT-Aktiengesellschaft halten.

5.4.2.13   Kontrolle und Aufsicht der REITs

Da REITs in Deutschland als börsennotierte Aktiengesellschaften firmieren, gelten
für sie alle Vorschriften des Aktiengesetzes. Der Vorstand leitet den REIT, und ein
Aufsichtsrat überwacht den Vorstand. Wie bei einer Aktiengesellschaft ist das höchste Gremium die Hauptversammlung der Aktionäre.

Für die Aktie speziell gelten das Wertpapierhandelsgesetz und der deutsche Corporate Governance Kodex. Zuständig für die Überwachung ist die Bundesanstalt für Finanzdienstleistungsaufsicht (BaFin) in Berlin.

5.4.2.14 Die Behandlung von Wohnimmobilien

Obwohl ursprünglich im Referentenentwurf des Gesetzes auch Wohnimmobilien für REITs zugelassen wurden, kam es zu einer Kampagne von Interessengruppen, die erhebliche negative Auswirkungen auf den Wohnungsmarkt und die soziale Wohnungspolitik befürchteten. Auf Druck vieler Mieterschutzvereine und anderer Lobbyisten wurden Bestandswohnimmobilien ausgeklammert. Die REITs dürfen aber in Wohnungen investieren, die nach dem 31. Dezember 2006 erbaut worden sind.

Ob diese Folgen wirklich so negativ für den Wohnungsmarkt gewesen wären, wird unter Experten kontrovers diskutiert. Der Deutsche Mieterbund artikulierte die Befürchtung, dass eine Freigabe der Wohnimmobilien zu einem vermehrten Privatisierungsdruck in diesem Sektor geführt hätte, da es in Deutschland schätzungsweise drei Millionen Wohnungen gibt, die direkt oder indirekt der öffentlichen Hand unterstehen. Steigende Mieten und eine zunehmende Umwandlung in Eigentumswohnungen wären nach Auffassung des Deutschen Mieterbundes die Folgen gewesen.

Ausländische Beteiligungsgesellschaften haben in den letzten Jahren den Wohnungsmarkt als lukratives Investment entdeckt. Private-Equity-Unternehmen wie Cerberus, Oaktree, Fortress oder Terra Firma haben in Deutschland in den letzten fünf Jahren mehr als 600.000 Wohnungen in einem Volumen von 20 Milliarden Euro erworben. Der mutmaßliche Börsenwert der REITs wird sich im Jahre 2010 auf zirka 100 Milliarden Euro belaufen. Hätte man die Wohnimmobilien mit einbezogen, so hätten sich zusätzliche 30 Milliarden Euro ergeben.

In den USA werden REITs, die sich auf Wohnimmobilien spezialisiert haben, als Housing Equity REITs bezeichnet. Wenn man sie mit den deutschen kommunalen Wohnungsunternehmen vergleicht, so sind die amerikanischen Unternehmen wesentlich renditeorientierter und betreiben ein aktives Management des Immobilienbestandes. Anders als in Deutschland sind diese Unternehmen nicht in eine soziale Wohnungspolitik eingebunden und werden auch nicht systematisch in die Stadtentwicklung oder das Quartiersmanagement mit einbezogen.

Die Verfechter einer REIT-Lösung bei Wohnimmobilien verweisen darauf, dass es für manche Kommunen vorteilhafter wäre, wenn sie die bestehenden Wohnungsgesellschaften in REITs umwandeln könnten; denn dann wären sie bei einer Privatisierung nicht auf Private-Equity-Gesellschaften angewiesen. Allerdings stehen in der Praxis einer solchen Lösung etliche Hindernisse im Weg. Aufgrund ihrer äußerst risikoreichen Portfoliostruktur, der ausgeprägten Ertragsschwäche und dem häufig ungünstigen Standort in strukturschwachen Regionen eignen sich die meisten Wohnungsgesellschaften nicht für eine börsennotierte REIT-Aktiengesellschaft. Auch die niedrige Kapitalisierung der kommunalen Wohnungsgesellschaften steht einem Börsengang als REIT im Wege. Eine REIT-AG, die nur eine einzige Wohnimmobilie im Portfolio hätte, die vor dem 31. Dezember 2006 gebaut wurde, müsste Körperschaft- und Gewerbesteuer entrichten und würde ihren Status als REIT verlieren. Auch lediglich die Verwaltung einer solchen Immobilie hätte dieselbe verhängnisvolle Konsequenz.

Der Begriff „Bestandswohnimmobilie", der als Abgrenzung dient, ist definitorisch sehr eng gefasst. Alle Immobilien, die zu mehr als 50 Prozent Wohnzwecken dienen, werden als Wohnimmobilie eingestuft. Auch das indirekte Halten von Wohnimmobilien über Immobiliengesellschaften ist ausgeschlossen.

Obwohl in fast allen Ländern, die einen REIT als Kapitalanlage eingeführt haben, Wohnimmobilien als Investitionsobjekte zugelassen sind, spielen sie in der Praxis nur eine völlig sekundäre Rolle. In Europa dominieren die Gewerbeimmobilien im Portefeuille der REITs, und auch in den USA macht der Anteil von Housing Equity REITs nur einen Marktanteil von 18 Prozent aus.

Aufgrund der günstigen Exit Tax sind ohnehin Unternehmen in erster Linie Adressaten für die Einführung von REITs, da sie am meisten von der Steuervergünstigung profitieren und stille Reserven auflösen können.

Im Bereich der Wohnimmobilien haben REITs die Möglichkeit, innerhalb der Projektentwicklung neue Wohnimmobilien zu finanzieren, zu bauen und zu verwalten.

5.4.3   Auswirkungen von REITs auf den deutschen Immobilienmarkt

Die Einführung von REITs stärkt Deutschland erheblich als lukrativen Finanzstandort. Internationale Investoren werden durch das große Potenzial des Immobilienmarktes angezogen werden, denn in Deutschland sind Immobilien in vielen Regionen bislang unterbewertet. Die Investitionen von Private-Equity-Gesellschaften belaufen sich auf mehr als 25 Milliarden Euro. Die bisher in der deutschen Finanzgeschichte größte Transaktion war der Verkauf der einst zu Eon gehörenden Immobilientochter Viterra an die Deutsche Annington, die für 7 Milliarden Euro im Jahre 2005 verkauft wurde. Die Stadt Dresden veräußerte 47.600 Wohnungen für 1,75 Milliarden Euro. Experten schätzen, dass in den nächsten Jahren mehr als eine Million Wohnungen verkauft werden. Von den 39 Millionen Wohneinheiten, die es hierzulande gibt, sind 16 Prozent im Eigentum kommunaler oder privatwirtschaftlicher Wohnungsunternehmen.

Wegen der wirtschaftlich schwachen Entwicklung in den letzten Jahren sind in Deutschland Immobilien unterbewertet, und das deutsche Mietniveau hat noch erhebliches Potenzial nach oben. In dem Zeitraum von 1997 bis 2005 stagnierte die Preisentwicklung für Wohnimmobilien, während in fast allen anderen europäischen Ländern, in Nordamerika und in Asien – mit Ausnahme von Japan – ein kontinuierlicher Preisanstieg zu beobachten war. Seit dem Jahr 2006 notieren die Aktien vieler börsennotierter Immobiliengesellschaften bereits auf der Höhe des Verkehrswertes der Immobilien. Man erwartet daher für die kommenden Jahre eher eine Seitwärtsbewegung des deutschen Immobilienmarktes.

5.4.4   Zusammenfassung: REITs in Deutschland

Einkommens- und Anlagevorschriften

- Mindestens 75 Prozent des Gesamtvermögens einer deutschen REIT-AG müssen zum Ende eines jeden Geschäftsjahres aus Immobilien bestehen.
- Mindestens 75 Prozent der Bruttoerträge einer REIT-AG müssen aus Immobilien (Vermietung, Leasing, Verpachtung, Veräußerungsgewinnen) stammen.
- Deutsche REITs dürfen keine Wohnimmobilien in Deutschland betreiben. Diese Bestandswohnimmobilien wurden vor dem 1. Januar 2007 erstellt und haben einen Mindestwohnflächenanteil von 50 Prozent oder mehr.
  Zugelassen sind hingegen Wohnimmobilien, die seit dem 1. Januar 2007 errichtet wurden, und Wohnimmobilien im Ausland, sofern der ausländische Staat REITs das Betreiben von Wohnimmobilien gestattet.
- Dienstleistungen müssen in eine REIT-Dienstleistungsgesellschaft ausgelagert werden. Das Vermögen einer REIT-Dienstleistungsgesellschaft darf zum Ende eines jeden Geschäftsjahres höchstens 20 Prozent des Gesamtvermögens der REIT-AG nach Abzug der Ausschüttungen und Rücklagen betragen. Die Bruttoerträge aus diesen Nebentätigkeiten dürfen höchstens 20 Prozent der gesamten Bruttoerträge einer REIT-AG erreichen.

Aktionäre und Streubesitz

- Die Höchstbeteiligung eines einzelnen Aktionärs ist auf unter 10 Prozent begrenzt.
- Mindestens 15 der Aktien müssen so breit gestreut sein, dass die einzelnen Anteilseigner nicht mehr als 3 Prozent innerhalb dieses Kontingents am REIT halten.
- Zum Zeitpunkt der Börsenzulassung müssen mindestens 25 Prozent der Aktien in Streubesitz (Free Float) sein.

Mindestausschüttung und Abschreibung

- Mindestens 90 Prozent des Gewinns müssen an die Aktionäre ausgeschüttet werden.
- Als Abschreibungsmethode sind nur planmäßige Abschreibungen in gleich bleibenden Jahresraten gestattet.

Besteuerung

- Der REIT ist auf Unternehmensebene von der Körperschaft- und Gewerbesteuer befreit.
- Die Besteuerung von ausgeschütteten Dividenden erfolgt beim Aktionär zum persönlichen Einkommensteuersatz.
- Das sonst bei Dividendenausschüttungen übliche Halbeinkünfteverfahren wird nicht angewendet.

- Exit Tax: Werden die Immobilienbestände veräußert und anschließend in einen REIT eingebracht, dann werden die dadurch realisierten stillen Reserven bis zum 1. Januar 2010 nur mit dem halben Wert besteuert.

Besteuerung ausländischer Anteilseigner

- Die Quellensteuer auf Dividenden, die bei ausländischen Anteilseignern erhoben wird, richtet sich nach dem Doppelbesteuerungsabkommen. Aktionäre, die 10 Prozent oder mehr eines REITs halten, können nur die Rechte geltend machen, die aus einem Anteil von weniger als 10 Prozent resultieren würden.

Mindesteigenkapital

- Der REIT muss ein Mindesteigenkapital von 45 Prozent des Betrages verweisen. Grundlage für die Berechnung sind die Höhe der Immobilienbestände, die im Einzel- oder Konzernabschluss am Ende des Geschäftsjahres angesetzt wurden.

6   REITs international

Im internationalen Vergleich ist die Marktkapitalisierung des deutschen Immobilienmarktes noch relativ gering, was sich aber seit der Einführung der REITs spürbar ändern wird. Die bislang börsennotierten Immobilienaktien erreichen eine Marktkapitalisierung von schätzungsweise sechs Milliarden Euro, während die Immobiliengesellschaften in ganz Europa ein Volumen von 75 Milliarden Euro erreichen. Noch übertroffen werden diese Werte von den USA, wo der Börsenwert der Immobiliengesellschaften mehr als 300 Milliarden Dollar beträgt.

Der Begriff „Real Estate Investment Trust" oder REIT ist in vielen Ländern nach dem Vorbild der Vereinigten Staaten übernommen worden, doch es gibt in einzelnen Ländern auch eigene Bezeichnungen:

Land	Bezeichnung	Abk.	Einführung
USA	Real Estate Investment Trust	REIT	1961
Niederlande	Fiscale Beleggingsinstelling	FBI	1969
Australien	Listed Property Trusts	LPT	1971
Kanada	Real Estate Investment Trust	REIT	1994
Belgien	Société d' Investissement à capital fixe en immobilière	SICAFI	1995
Japan	Real Estate Investment Trust	J-REIT	2001
Korea	Korean Real Estate Investment Trust	K-REIT	2001
	Corporate Restructuring REIT	CR-REIT	2001
Singapur	Singapore Real Estate Investment Trust	S-REIT	2002
Frankreich	Sociétés d' Investissements immobiliers cotées	SIIC	2003
Hongkong	Hongkong Real Estate Investment Trust	H-REIT	2003
Großbritannien	UK Real Estate Investment Trust	UK-REIT	2007
Deutschland	Deutscher Real Estate Investment Trust	D-REIT	2007

Abb. 2: Internationale Bezeichnungen für REITs

Zur Unterscheidung wird die deutsche Variante des REITs auch als D-REIT oder G-REIT (German REIT) bezeichnet. Neben den oben erwähnten Ländern gibt es noch eine Reihe anderer Staaten, die REITs eingeführt haben – wie beispielsweise Bulgarien oder Indien. Im Folgenden werden die Besonderheiten von REITs in einzelnen Ländern vorgestellt.

6.1   Australien

Australien war eines der ersten Länder, die nach den USA REITs einführten. In Australien werden solche steuerbegünstigten, börsennotierten Immobiliengesellschaften, die es seit dem Jahr 1971 gibt, als Listed Property Trusts bezeichnet. Als Rechtsform ist ein Trust vorgeschrieben; eine Börsennotierung ist nicht unbedingt erforderlich. Im Jahre 2005 gab es auf dem fünften Kontinent 36 Listed Property Trusts. Die Marktkapitalisierung belief sich auf über 42 Milliarden Euro.

Die australische Gesetzgebung ist relativ liberal, denn es ist den Listed Property Trusts nicht vorgeschrieben, wie hoch der Anteil der Immobiliengeschäfte sein muss. Investitionen sind in unbegrenzter Höhe außerhalb Australiens jederzeit möglich, und auch die Kreditaufnahme ist unbeschränkt möglich. Die Mindestausschüttung bei den Dividenden liegt bei 90 Prozent. Was die Besteuerung angeht, so erfolgt sie auf der Ebene der Anleger. Das Einkommen auf Gesellschaftsebene ist von den Steuern befreit. Ausländische Aktionäre sind in Australien steuerpflichtig.

Zu den größten Listed Property Trusts zählen Westfield, Lend Lease, AMP Henderson, Global Investors, die Macquarie Bank und ING. Die meisten Listed Property Trusts sind an der Australian Stock Exchange (ASX) in Sydney börsennotiert, obwohl die Börsennotierung nicht obligatorisch ist. Neben dieser Hauptbörse werden einige Werte an den Nebenbörsen Bendigo Stock Exchange, Newcastle Stock Exchange und der Australia Pacific Exchange notiert. Alle an der ASX notierten Immobiliengesellschaften müssen den Auflagen und Standards der Börsenberichterstattung entsprechen.

Das Einkommen der Listed Property Trusts resultiert vorrangig aus Mieteinnahmen. Während Wohnimmobilien auch in Australien im Mietniveau strengen gesetzlichen Regulierungen unterliegen, sind die Möglichkeiten bei Gewerbeimmobilien wesentlich flexibler. Andere Einkommensquellen sind die Veräußerung von Vorkaufsrechten, die Nutzung von Dächern für Mobilfunkantennen und die Vermietung von Parkplätzen.

Listed Property Trusts können sowohl inländische als auch ausländische Immobilien erwerben. In der Praxis halten die australischen Gesellschaften vorwiegend Immobilien in den USA, Neuseeland und in Großbritannien.

Den Verkehrswert des Immobilienbestandes eines Listed Property Trusts nennt man in Australien Net Tangible Assets (NTA). Eine börsennotierte Immobiliengesellschaft gilt als günstig, wenn der Börsenwert unter dem NTA liegt.

6.2 Belgien

In Belgien wurden REITs bereits 1995 eingeführt und haben den Namen „Société d'Investissement à Capital Fixe Immobilière (SICAFI)". Als Rechtsform ist die Aktiengesellschaft vorgeschrieben, wobei mindestens 30 Prozent des vorhandenen Grundkapitals an der Börse notiert werden müssen. Die Zahl der börsennotierten SICAFI beläuft sich auf 10, und die Marktkapitalisierung erreicht ein Volumen über 3 Milliarden Euro.

In einigen Punkten ist die belgische Gesetzgebung restriktiver als in anderen Ländern. So müssen beispielsweise 100 Prozent der Investitionsobjekte Immobilien sein. Eine gewisse Mindestdiversifikation ist zwingend vorgeschrieben, so dass in verschiedenartige Immobilien angelegt werden muss. Auch sind nur langfristige Immobilieninvestitionen gestattet. Die Kreditaufnahme ist auf 50 Prozent der Bilanzsumme beschränkt. Eine einzelne Liegenschaft darf einen Anteil von 20 Prozent des gesamten Portfolios nicht überschreiten. 80 Prozent des Nettogewinns müssen an die Aktionäre ausgeschüttet werden.

Die SICAFI unterliegen einer Körperschaftsteuer von 39,99 Prozent. Eine Steuerbefreiung auf der Unternehmensebene ist nur möglich, wenn die Bemessungsgrenze durch Betriebsausgaben erreicht wird, die nicht abzugsfähig sind. Ausländische Aktionäre zahlen in Belgien eine Quellensteuer.

6.3 Bulgarien

Im Jahre 2003 wurden in Bulgarien REITs eingeführt, die von der Körperschaftsteuer befreit sind, jedoch zahlreiche Auflagen haben.

6.4 Frankreich

In Frankreich wurden REITs im Jahre 2003 eingeführt; sie heißen dort „Société d'investissements immobliers cotée (SIIC)". Anders als in vielen Ländern ist eine Aktiengesellschaft als Rechtsform nicht vorgeschrieben. Die SIIC haben die Wahl zwischen einer Kommanditgesellschaft oder eine Aktiengesellschaft. Das Grundkapital muss bei beiden Rechtsformen sich auf mindestens 15 Millionen Euro belaufen. Die SIIC genießen einen steuerrechtlichen Sonderstatus. Ein Immobilienunternehmen kann bis zum vierten Monat des jeweiligen Geschäftsjahres die Umwandlung in eine SIIC beantragen. Die Option kann jedoch nicht rückgängig gemacht werden. Die Börsennotierung ist obligatorisch. In Frankreich gab es 2006 20 börsennotierte SIIC. Die Marktkapitalisierung dieser Unternehmen erreichte einen Wert von 26 Milliarden Euro.

Auch in Frankreich liegt der Fokus der SIIC auf dem Erwerb und dem Bau von Immobilien, um dadurch Einnahmen aus Vermietung und Verpachtung zu erzielen. Die Gesellschaften dürfen sich an anderen Immobilienunternehmen beteiligen und unbegrenzt Fremdkapital aufnehmen. Nebengeschäfte sind nur bis 20 Prozent des Unternehmenswertes gestattet. Die Mindestausschüttung ist in Frankreich differenziert geregelt. Gewinne aus Vermietung und Verpachtung müssen zu 85 Prozent an die Aktionäre ausgeschüttet werden. Gewinne hingegen, die aus der Veräußerung von Immobilien resultieren, müssen nur zu 50 Prozent an die Anteilseigner ausbezahlt werden. Die SIIC sind von der Körperschaftsteuer generell befreit; sie müssen jedoch auf stille Reserven einen Körperschaftsteuersatz von ungefähr 35 Prozent entrichten. Bei Grundvermögen reduziert sich der Steuersatz auf 16,5 Prozent. Die Dividenden einer Tochtergesellschaft, an denen die SIIC mindestens zu 95 Prozent beteiligt ist und die sich für eine Umwandlung in eine SIIC entschieden hat, sind steuerfrei, sofern sie vollständig an die Aktionäre ausgeschüttet werden. Die Besteuerung ausländischer Anteilseigner richtet sich nach einem eventuell bestehenden Doppelbesteuerungsabkommen, das bei deutschen Anlegern einen Steuersatz von 15 Prozent vorsieht.

6.5   Großbritannien

In Großbritannien, das diese neue Anlageform im Januar 2007 einführte, heißen die neuartigen Immobiliengesellschaften UK Real Estate Investment Trust (UK-REIT). Als Rechtsform ist eine Aktiengesellschaft vorgeschrieben, und auch die Börsennotierung ist obligatorisch, die von der Börsenaufsichtsbehörde (Financial Services Authority) überwacht wird. In Großbritannien gibt es im Jahr 2007 bereits mehr als 9 UK-REITs mit einer erstaunlichen Marktkapitalisierung von über 51 Milliarden Euro. Schon einen Monat nach der Verabschiedung des Gesetzes gingen die neun Unternehmen an den Start. Damit hat Großbritannien alle Erwartungen, die an die neue Gesetzgebung gerichtet wurden, weit übertroffen und einen weltweit beispiellosen Erfolg mit den neuen Immobiliengesellschaften erzielt. Zu den renommierten Unternehmen mit enormer Marktkapitalisierung zählen British Land, Hammerson, Land Securities, Liberty International und Slough Estates. All diese Unternehmen sind in dem renommierten britischen Aktienindex FTSE 100 gelistet, der die 100 größten Aktiengesellschaften des Landes zusammenfasst.

Der REIT ist verpflichtet, die Erträge aus Immobiliengeschäften („ring fenced business") von anderen Bereichen („non ring fenced business") genau zu trennen. 75

Prozent aller Erträge müssen im Immobiliensektor erzielt werden. Darüber hinaus müssen 75 Prozent aller Investitionen im Immobilienbereich angesiedelt sein. Ein einzelnes Objekt darf im gesamten Portfolio höchstens einen Anteil von 40 Prozent haben. Die Fremdkapitalaufnahme ist eingeschränkt, denn die jährlichen Gesamterträge müssen um ein Viertel höher liegen als die jährlich zu zahlenden Fremdkapitalzinsen. Die Ausgabe von Wandelanleihen zur Fremdfinanzierung ist ausgeschlossen.

Aufgrund der Dividendenbesteuerung ist der Anteil eines einzelnen Aktionärs ähnlich wie in Deutschland auf 10 Prozent des Grundkapitals oder der ausgeschütteten Dividenden begrenzt. 90 Prozent der Erträge aus dem Immobiliensektor, die auf Unternehmensebene steuerbefreit sind, müssen an die Anteilseigner ausgeschüttet werden. Die Ausschüttungen werden mit einer Quellensteuer in Höhe von 22 Prozent belastet, die in der Einkommensteuererklärung angerechnet werden kann. Alle Erträge aus dem Nicht-Immobilien-Sektor werden mit der Körperschaftsteuer belastet.

Bei ausländischen Aktionären wird ebenfalls eine Quellensteuer von 22 Prozent erhoben, die je nach dem geltenden Doppelbesteuerungsabkommen wieder erstattet werden kann.

Dem Unternehmen ist es untersagt, Dividenden an Aktionäre auszuzahlen, die 10 Prozent oder mehr an einem REIT halten. Dies gilt sowohl für direkte und indirekte Beteiligungen – wie beispielsweise über einen Investmentfonds. Verstößt ein Unternehmen gegen diese Vorschrift kann es zwar den REIT-Status behalten, wird aber steuerpflichtig.

Besonders vorteilhaft geregelt ist die Umwandlung in einen UK-REIT. Während in Deutschland die Exit Tax eine Steuervergünstigung von 50 Prozent auf die aufgelösten stillen Reserven vorsieht, die bei der Veräußerung der Immobilien entstehen, fällt in Großbritannien lediglich eine „Umwandlungsgebühr" oder „Entry Charge" von zwei Prozent auf den Bruttomarktwert der Immobilienbestände an. Das ist für Unternehmen äußerst lukrativ. Darüber hinaus ist für UK-REITs die Bilanzierung nach dem europäischen Standard IFRS freiwillig.

In Großbritannien wurden börsennotierte Immobiliengesellschaften vor der Einführung des UK-REIT doppelt besteuert, nämlich auf der Ebene des Unternehmens und auf der Ebene des Anlegers. Eine solche Benachteilung konnte man als Investor nur durch eine Direktanlage in Immobilien oder durch Off-Shore-Anlagen umgehen. Off-Shore-Unternehmen, die meist auf den souveränen Inseln Guernsey oder Jersey residieren, zahlen aufgrund des Status dieser Inseln keine Steuern und unterliegen keinen besonderen Vorschriften. Für diese Off-Shore-Konstruktionen ist daher die Gründung eines UK-REIT weniger interessant. Für in Großbritannien ansässige Unternehmen ist jedoch der UK-REIT eine lukrative Gesellschaftsform.

6.6   Hongkong

In Hongkong wurden REITs im Jahre 2003 eingeführt. Sie werden dort Hongkong Real Estate Investment Trusts oder H-REITs genannt. Als Rechtsform ist eine Investmentgesellschaft vorgeschrieben, die an der Börse in Hongkong notiert sein muss. Mitte 2006 gab es 4 H-REITs mit einer Marktkapitalisierung von fast 6 Milliarden US-Dollar. 90 Prozent der Gelder müssen in Immobilien investiert sein, wobei ein langfristiger Anlagehorizont von mindestens zwei Jahren vorgeschrieben ist. Die Kreditaufnahme ist auf 35 Prozent des Bruttowertes des Anlagevermögens beschränkt. Die Investition in ausländische Immobilien ist nicht zulässig; nur in Hongkong sind Investitionen erlaubt. Die Mindestausschüttung beträgt 90 Prozent des Nettogewinns nach Steuern. Anders als in den meisten Ländern gibt es für H-REITs keine Steuervorteile; jedoch werden ausländische Aktionäre nicht zur Quellensteuer in Hongkong herangezogen.

6.7   Japan

In Japan gibt es seit 2001 REITs, die international als J-REIT bezeichnet werden. Das japanische System der REITs ist stärker differenziert, denn man unterscheidet zwischen eigenständigen Immobilienunternehmen (Corporate Style) und zwei Kategorien von Investmenttrusts (Contract Style).

Die eigenständigen Immobilienunternehmen haben sich auf Immobiliengeschäfte und das Immobilienmanagement spezialisiert. Die Anleger können sich an solchen Unternehmen beteiligen.

Die zweite Variante sind die Investmenttrusts, bei denen zwischen direkten und indirekten unterschieden wird. Indirekte Investmenttrusts sammeln über Fonds Anlagegelder ein und leiten sie an eine Investmentbank weiter, die die Ausschüttungen über Fonds an die Aktionäre ausbezahlt. Bei direkten Investmenttrusts werden die Gelder der Anleger bei einer Investmentbank angelegt, die dann die Dividenden direkt an die Aktionäre ausschüttet. Die Mehrzahl der J-REITs sind eigenständige Gesellschaften; direkte und indirekte Investmenttrusts spielen nur eine sekundäre Rolle. Die Börsennotierung ist weder für eigenständige J-REITs noch für Investmenttrusts vorgeschrieben. Im Jahre 2005 gab es in Nippon 17 J-REITs, deren Marktkapitalisierung fast 23 Milliarden Euro betrug.

In Japan müssen 75 Prozent des Anlagevermögens aus Immobilien bestehen, und 50 Prozent der Erträge müssen aus Immobiliengeschäften stammen. Das Mindestanlagevolumen beläuft sich auf 5 Milliarden Yen, was ungefähr 36 Millionen Euro entspricht. Das Vermögen, das auf eine einzelne Aktie entfällt, muss mindestens 50.000 Yen (ungefähr 365 Euro) betragen. Neben der Anlage in Immobilien sind auch Cash-

Positionen oder andere liquide Anlagen wie Geldmarktfonds zum temporären Parken der Anlagegelder erlaubt. Eine Kreditaufnahme ist uneingeschränkt möglich.

Der japanische REIT unterliegt weiteren Vorschriften, die einen liquiden Handelsumsatz an der Börse garantieren sollen: So muss jeder J-REIT über mindestens 1.000 Aktionäre verfügen und mindestens ein Handelsvolumen von 4.000 Aktien an der Börse vorweisen, nachdem das Unternehmen eine Notierung beantragt hat. Die meisten J-REITs sind an der Tokyo Stock Exchange notiert. Zu den wichtigsten Aktionären zählen ausländische Investmentbanken.

Die drei größten Aktionäre dürfen zusammen nicht mehr als die Hälfte des Aktienkapitals halten; die zehn größten Anteilseigner dürfen die Grenze von 75 Prozent nicht überschreiten, damit genügend Streubesitz für Kleinanleger übrig bleibt.

Die Mindestausschüttung beläuft sich auf 90 Prozent der Unternehmensgewinne.

Die J-REITs sind nicht komplett steuerbefreit, haben aber ermäßigte Steuersätze. J-REITs, die als eigenständige Gesellschaft firmieren, dürfen Dividenden, die an Aktionäre ausgeschüttet wurden, als Betriebsausgaben steuermindernd geltend machen. Für ausländische Aktionäre gibt es eine Quellensteuer von 7 Prozent, die aber je nach Doppelbesteuerungsabkommen verringert wird oder vollständig entfällt.

Der japanische Immobilienmarkt hat seit dem Platzen der Immobilienblase im Jahr 1990 einen stetigen Niedergang erlebt, der erst 2004 einen Boden fand. Seit 2005 stabilisieren sich die Preise allmählich wieder, ohne dass es jedoch zu einer nachhaltigen Erholung kam. J-REITs sollen dazu beitragen, den japanischen Immobilienmarkt wieder attraktiver zu machen.

Tab. 6: Japanische Immobiliengesellschaften

Nippon Building Fund	Orix JREIT Inc
Japan Real Estate Investment Corp	Tokyu REIT Inc
Japan Retail Fund Investment Corp	Frontier Real Estate Investment Corp
Nomura Real Estate Office Fund	Global One Real Estate Investment Corp
Mori Trust Sogo Reit Inc	United Urban Investment Corp
Japan Prime Realty Investment Corp	Premier Investment Co
Nippon Residential Investment Corp	

6.8   Kanada

In Kanada werden wie in den USA REITs als Real Estate Investment Trusts bezeichnet. Sie wurden 1993 eingeführt und haben die Rechtsform einer Aktiengesellschaft. Mindestens 30 Prozent des Grundkapitals müssen an der Börse notiert sein. Im Jahr

2005 gab es in Kanada 25 REITs mit einer Marktkapitalisierung von mehr als 12 Milliarden Euro.

80 Prozent des Anlagevermögens müssen in Immobilien fließen, wobei der maximale Anteil eines Objekts sich lediglich auf 20 Prozent belaufen darf. Eine Fremdkapitalaufnahme ist uneingeschränkt möglich. 95 Prozent aller Einnahmen müssen durch Immobiliengeschäfte erwirtschaftet werden. Ein kanadischer REIT muss mindestens 150 Aktionäre vorweisen können. Die Mindestausschüttung liegt bei 85 Prozent der Einnahmen aus Vermietung und Verpachtung. Erträge aus der Veräußerung von Immobilien müssen zu 50 Prozent an die Aktionäre ausgeschüttet werden. Eine Steuerbefreiung auf der Unternehmensebene gab es bislang nur, wenn das Unternehmen die Bemessungsgrenze durch nicht abzugsfähige Betriebsausgaben unterschritt. Im Jahr 2007 wurde das Gesetz novelliert und eine vollständige Steuerbefreiung durchgesetzt. Ausländische Anteilseigner zahlen eine Quellensteuer in Höhe von 25 Prozent. Je nach dem geltenden Doppelbesteuerungsabkommen verringert sich dieser Quellensteuersatz.

6.9   Südkorea

Südkorea ist eines der wenigen Länder in Asien (wie Japan, Malaysia, Singapur und Hongkong), die REITs als Anlageform etabliert haben. Die Einführung erfolgte 2001. In Südkorea unterscheidet man zwei Kategorien. Es gibt den Korean Real Estate Investment Trust (K-REIT) und den Corporate Restructuring REIT (CR-REIT).

Als Rechtsform sind Kapitalgesellschaften zugelassen. CR-REITs weisen eine Besonderheit auf, denn sie sind nur für eine eingeschränkte Geschäftsdauer vorgesehen, die in der Regel fünf Jahre beträgt. Anders als in den meisten Ländern dürfen in Südkorea REITs generell keine Kredite aufnehmen.

Was die Börsennotierung anbelangt, so ist sie für K-REITs verbindlich. Corporate Restructuring REITs (CR-REITs) müssen nicht bei der Gründung bereits börsennotiert sein. Wenn aber die Kriterien für einen Börsengang erfüllt sind, muss das Unternehmen sich an einer koreanischen Börse notieren lassen. Im Jahr 2005 gab es 7 börsennotierte Gesellschaften. Die Marktkapitalisierung der befristeten CR-REITs erreichte nur ein Volumen von zirka 4 Millionen Euro.

Die Gesamtkapitalisierung eines K-REITs muss mindestens 50 Milliarden Won erreichen, was zirka 40 Millionen Euro entspricht. Bei K-REITs müssen 70 Prozent des Anlagevermögens aus Immobilien bestehen. Der Anteil der Gelder, die für die Projektentwicklung von Immobilien verwendet werden dürfen, ist auf 30 Prozent beschränkt.

Für CR-REITs gelten besondere Vorschriften, die sich aus der Besonderheit dieser Trusts ergeben. So müssen 70 Prozent des Anlagevermögens aus Immobilien bestehen, die der CR-REIT aufgrund einer Insolvenz eines Unternehmens oder einer Umorganisation erworben hat. Der Zweck des Erwerbs ist ausschließlich auf die Restrukturierung ausgerichtet. Darüber hinaus kann ein CR-REIT Immobilien von Unternehmen erwerben, die durch die Veräußerung des Immobilienbestandes ihre Verschuldung verringern möchten.

Für beide REIT-Formen gilt eine Mindestausschüttung von 90 Prozent des Gewinns. Ein einzelner Aktionär darf nicht mehr als 10 Prozent eines REITs besitzen. Die Besteuerung von K- und CR-REIT ist unterschiedlich geregelt. K-REITs erhalten lediglich eine Steuerermäßigung von 50 Prozent beim Erwerb von Immobilien. Die Dividenden werden jedoch voll besteuert. Beim CR-REIT gibt es eine vollständige Steuerbefreiung beim Immobilienerwerb. Die an die Aktionäre ausgeschütteten Dividenden können von der Steuerschuld abgezogen werden, wenn die Höhe der Ausschüttung mindestens 90 Prozent erreicht. Ausländische Aktionäre zahlen eine Steuer in Höhe von 27,5 Prozent.

6.10   Singapur

Der in dem Stadtstaat 2002 eingeführte REIT heißt Singapore Real Estate Investment Trust (S-REIT). Er kann die Rechtsform einer Kapitalgesellschaft oder eines Investmenttrusts annehmen, wobei die Börsennotierung vorgeschrieben ist. 2005 gab es in Singapur 5 S-REITs, deren Marktkapitalisierung einen Wert von 5,2 Milliarden Euro erreichte.

Die Mindestausschüttung beträgt in Singapur erstaunliche hundert Prozent. 70 Prozent aller Anlagen müssen Immobilien oder immobilienverwandte Anlageformen wie Immobilien-Aktiengesellschaften, Immobilienfonds oder hypothekengesicherte Wertpapiere (so genannte Mortgage Backed Securities) sein. In die Projektentwicklung in Singapur oder im Ausland dürfen nur 20 Prozent investiert werden. Die Kreditaufnahme ist auf 35 Prozent des gesamten Vermögens beschränkt. S-REITs, die ein sehr gutes Bonitätsrating einer internationalen Ratingagentur (wie Moody's, Fitch, Standard & Poor's) im Rang der A-Kategorie besitzen, können die Kreditlinie ausweiten. Um einen großen Streubesitz zu ermöglichen, muss ein S-REIT mindestens 500 Aktionäre vorweisen. Für Anteilseigner, die mehr als 5 Prozent an einem S-REIT halten, gibt es eine Registrierungspflicht, durch die der zuständige REIT-Manager informiert wird.

S-REITs, die die Rechtsform eines Investmenttrusts haben, erhalten von den Steuerbehörden in Singapur eine indirekte Befreiung in Form von Steuergutschriften, die die Aktionäre geltend machen können, sobald sie die Ausschüttung erhalten haben.

S-REITs, die als Kapitalgesellschaft firmieren, haben keine Steuerbefreiung. Bei ausländischen Aktionären wird eine Quellensteuer in Höhe von 10 Prozent erhoben.

6.11   USA

Die USA sind das Mutterland der Real Estate Investment Trusts (REITs), denn dort wurde ein entsprechendes Gesetz bereits 1961 in Kraft gesetzt.

Der Kongress schuf die neue Anlageform, um auch Kleinanlegern und privaten Investoren die Investition in größere Gewerbeimmobilien zu ermöglichen. Durch die Investitionen in ein bereit gestreutes Immobilienportfolio wird das Risiko für Kleinanleger deutlich reduziert. Durch die Börsennotierung ist gewährleistet, das Anleger jederzeit aussteigen und die Aktien veräußern können.

Die Rechtsform ist eine Kapitalgesellschaft mit besonderem steuerrechtlichen Status; es besteht die Wahl zwischen den Rechtsformen Corporation, Trust oder Association, die je nach den rechtlichen Voraussetzungen entweder von einem Vorstand und einem Aufsichtsrat (Board) oder einem Treuhänder (Trustee) geleitet werden müssen. Die Steuerprivilegien wurden im Einkommensteuergesetz, dem Internal Revenue Code (IRC), festgehalten. Eine Börsennotierung ist nicht zwingend notwendig.

Man unterscheidet mehrere Arten von REITs. Equity REITs halten und betreiben Immobilien, wobei sie meist als Betreibergesellschaften fungieren und zusätzliche Dienstleistungen wie Leasing, Projektentwicklung und mieterspezifische Services ausführen. Primäre Zielsetzung der Equity REITs ist der Erwerb und die Weiterentwicklung von Immobilien, die dann im Bestand gehalten werden.

Die zweite Kategorie von REITs in den USA sind Mortgage REITs („Hypotheken-REITs"), die sich auf das Hypothekengeschäft spezialisiert haben. Solche REITs geben Kredite an Immobilieneigentümer oder –betreiber und erwerben zusätzlich Darlehensforderungen in Form von „Mortgage Backed Securities". Bei diesen speziellen Wertpapieren wird eine Vielzahl von Hypothekenkrediten gebündelt und verbrieft, wodurch das Risiko reduziert wird. Inzwischen praktizieren Mortgage REITs dieses Geschäft selbst und geben auf ihre Immobilienbestände Grundschuld- und Hypothekenkredite heraus.

Hybrid-REITs vereinen die beiden Geschäftsmodelle von Mortgage REITs und Equity REITs in sich, d.h. sie verwalten und betreiben Immobilien, sind aber auch im Hypothekengeschäft aktiv.

Hinsichtlich des Strukturtyps differenziert man zwischen UpREITs und DownREITs. Bei einem UpREIT gründen die Anteilseigner einer schon vorhandenen Personengesellschaft zusammen mit einem REIT eine Personengesellschaft, die als Operating Partnership ausgestaltet ist. Die Gesellschafter bringen dabei die Immobilien aus der schon bestehenden Personengesellschaft mit ein; der REIT selbst leistet die Gesellschaftseinlage in Bar. Der REIT fungiert als unbeschränkt haftender Gesellschafter und hat ähnlich wie in Deutschland bei einer Kommanditgesellschaft die Position des Komplementärs. Der REIT ist zugleich der Mehrheitsanteilseigner der Operating Partnership.

Meist nach einem Jahr, was steuerliche Ursachen hat, können die anderen Gesellschafter ebenfalls ihre Einheiten gegen Barauszahlung oder gegen REIT-Anteile tauschen. Der REIT hat dabei die Möglichkeit, sich für eine der Alternativen zu entscheiden. Beim Tausch wird die Steuerpflicht ausgelöst, die bei der Gründung des UpREITs ausgesetzt wurde. Der Tausch der Anteile ist sukzessive über einen längeren Zeitraum möglich, um die Steuerbelastung über mehrere Jahre zu verteilen. Bei einem Erbschaftsfall können die Erben die restlichen Anteile gegen Geld oder REIT-Anteile einlösen, ohne dass dabei eine Ertragssteuer erhoben wird.

Bei einem DownREIT gibt es zwei verschiedene Bereiche. Der REIT selbst betreibt und verwaltet Immobilienbestände und ist zugleich an einer Personengesellschaft beteiligt, die ebenfalls im Immobilienmanagement tätig ist.

Das Schwergewicht unter den REITs bildet die Simon Property Group, die im ganzen Land mehrere Shopping Malls betreibt und eine Marktkapitalisierung von über 10 Milliarden Euro erreicht. Auch REITs, die sich auf Wohnimmobilien spezialisiert haben, erreichen vergleichbare Größenordnungen. Die größte Immobiliengesellschaft in diesem Sektor ist der Equity Residential Property Trust mit einer Börsenkapitalisierung von fast 7 Milliarden Euro.

75 Prozent des gesamten Vermögens müssen in Immobilien, Cash-Positionen, Staatsanleihen oder Grundpfandrechte investiert werden. Die Beteiligung an Tochtergesellschaften ist auf 20 Prozent des Gesamtvermögens des REITs begrenzt. Beteiligungen an anderen Unternehmen, mit denen keine engere Verflechtung besteht, dürfen 10 Prozent des Grundkapitals nicht überschreiten. Zusätzlich darf eine solche Beteiligung bei einem einzelnen Unternehmen höchstens 5 Prozent des Gesamtvermögens des REITs ausmachen. Versicherungen oder andere Finanzdienstleister dürfen sich nicht in einen REIT umwandeln.

75 Prozent der Einnahmen müssen aus Vermietung und Verpachtung erwirtschaftet werden; dazu gerechnet werden auch Einnahmen aus Hypothekenzinsen, aus Immobilienverkäufen, Zinsen aus Staatsanleihen oder Sichteinlagen. Die Einkünfte aus dem Kerngeschäft der Immobiliengesellschaft müssen sich auf 95 Prozent belaufen. Zum Kern werden neben den eigentlichen Immobiliengeschäften auch die Einkünfte aus Tochtergesellschaften und Beteiligungen an dritten Unternehmen gezählt. Die Einnahmen aus Geschäften, die nicht zum Immobiliensektor oder den oben genannten Ausnahmen gehören, dürfen nicht mehr als 5 Prozent betragen. Die Mindestausschüttung beträgt 90 Prozent. Eine Kreditaufnahme ist ohne Einschränkung möglich.

Ein Unternehmen, das die Voraussetzungen des REIT-Status erfüllt, kann die ausgeschütteten Dividenden als Betriebsausgaben vom körperschaftsteuerpflichtigen Gewinn abziehen. Aufgrund dieser vorteilhaften Regelung schütten die meisten REITs hundert Prozent des steuerpflichtigen Gewinns an die Aktionäre aus. Die Zahlung der Körperschaftsteuer entfällt somit. Die Mehrzahl der Bundesstaaten akzeptiert diese Besteuerung der REITs auf Bundesebene und hat daher die REITs von einer möglichen Erhebung der Körperschaftsteuer auf der Ebene des jeweiligen Bundesstaates ausgenommen. Wie andere Unternehmen kann der REIT – anders als Personengesellschaften – keine steuerlichen Verluste an die Aktionäre weitergeben.

In den USA ist explizit der Betrieb von Gesundheitseinrichtungen wie Krankenhäusern als REIT nicht erlaubt. Jedoch ist es möglich, indirekt von der Wertentwicklung solcher Immobilien zu profitieren, indem beispielsweise eine Immobilie an eine Tochtergesellschaft vermietet wird oder Dienstleistungen in diesem Sektor von dritten Unternehmen in Anspruch genommen werden.

Eine erste Novellierung des Gesetzes von 1960 erfolgte im Jahre 1999 mit dem „REIT Modernization Act".

Das auf der Bundesebene geltende Steuerrecht wurde durch die Gesetzesnovelle so geändert, dass REITs nun bis zu hundert Prozent der Anteile an einer Tochtergesellschaft halten dürfen, die sich auf Dienstleistungen für Mieter oder für Dritte spezialisiert hat. Die Mindestausschüttungsquote, die ursprünglich bei 95 Prozent lag, wurde auf 90 Prozent des steuerpflichtigen Einkommens eines REITs abgesenkt.

Eine weitere Möglichkeit, die Profitabilität eines REITs zu steigern, entstand 2001, als in den USA der „REIT Modernization Act" (RMA) verabschiedet wurde. Vor dem Inkrafttreten dieser Gesetzesnovelle hatten REITs nur eine eingeschränkte Möglichkeit, lukrative Dienstleistungen zu erbringen. Es durften lediglich gängige immobiliennahe Dienstleistungen am Markt offeriert werden, während Unternehmen ohne REIT-Status eine ganze Reihe von interessanten Services anbieten konnten. Mit dem Inkrafttreten des „REIT Modernization Act" (RMA) wurde diese Einschränkung vollständig aufgehoben, so dass REITs nun auch hochwertige Services für Mieter anbieten dürfen.

Um einen größeren Streubesitz zu ermöglichen, muss ein REIT mindestens 100 Aktionäre haben, wobei das erste Jahr nach der Gründung von dieser strikten Regelung dispensiert ist. Die 5 größten Aktionäre dürfen zusammen nur die Hälfte des Aktienkapitals besitzen. Zwei Drittel aller REITs in den USA werden an der Börse notiert. Alle REITs müssen übertragbare Aktien ausgeben oder zumindest verzinsliche Wertpapiere, die eine Beteiligung an einem REIT ermöglichen.

Die Besteuerung der ausgeschütteten Dividenden erfolgt beim Aktionär. Die Gesellschaft darf die ausgeschütteten Gewinne als Betriebsausgaben geltend machen; nur die thesaurierten, im Unternehmen einbehaltenen Gewinne unterliegen der Körperschaftsteuer.

Die REITs folgen, was die Bilanzierung anbelangt, dem in den USA vorgeschriebenen Rechnungslegungsstandard US-GAAP (Generally Accepted Accounting Principles), der viele Ähnlichkeiten mit dem europäischen Standard IFRS aufweist.

Eine wichtige Kennzahl in den USA sind die „Funds from Operations" (FFO). Diese Kennzahl berechnet sich aus der Liquidität der operativen Geschäftstätigkeit, d.h. es wird zur Ermittlung der Performance vor allem das laufende Nettoeinkommen aus dem Immobilienmanagement herangezogen; Gewinne und Verluste, die durch den Erwerb oder die Veräußerung von Immobilien entstehen, werden ebenso ausgeklammert wie Abschreibungen auf Immobilien. Der amerikanische Dachverband der REITs, der NAREIT, schreibt die Veröffentlichung dieser Kennzahl vor.

Da Immobilien als besonders wertbeständig gelten, werden bei der Kennzahl FFO Abschreibungen außer Acht gelassen. In vielen Fällen sind die zulässigen Abschreibungen bei Gebäuden oft wesentlich höher als der tatsächliche Wertverlust, wodurch stille Reserven entstehen. Um eine möglichst objektive und realistische Kennzahl zu erhalten, werden Abschreibungen aus diesem Grunde nicht in die Funds from Operations mit einbezogen. Als zusätzliche Kennziffer haben Analysten den Adjusted FFO (AFFO) eingeführt, bei dem periodisch auftauchende Kapitalkosten vom Ergebnis abgezogen werden können.

REITs gehören in vielen Ländern zu den Aktien mit den höchsten Dividendenausschüttungen, da sie beispielsweise wie in den USA und den meisten anderen Staaten mindestens 90 Prozent des steuerpflichtigen Gewinns an die Aktionäre ausschütten müssen. Diese Ausschüttungen werden überwiegend durch die Einnahmen aus Vermietung erzielt, die relativ konstant und sicher fließen. Außerdem bedeutet dies einen deutlichen Schutz gegen Inflation, da die Mieten mit der Geldentwertung angehoben werden.

Die Ausschüttungen der REITs setzen sich aus drei Komponenten zusammen: den laufenden Einnahmen aus der Vermietung, möglichen Veräußerungsgewinnen beim Verkauf von Immobilien und der Einlagenrückgewähr. In der steuerrechtlichen Behandlung gibt es für diese drei Kategorien in den USA unterschiedliche Steuersätze.

In den USA müssen die REITs die Anleger mit Hilfe eines Formulars darüber informieren, wie sich die ausgeschütteten Dividenden zusammensetzen. Beispielsweise wird eine Einlagenrückgewähr nicht als laufender Ertrag besteuert. Statt dessen werden die Anschaffungskosten für die REIT-Aktien um den Betrag der Einlagenrückgewähr verringert. Wenn die REIT-Aktien verkauft werden, muss nach US-Steuerrecht nur der Wert versteuert werden, um den der Veräußerungspreis die Anschaffungskosten übersteigt. Eine Einlagenrückgewähr ist für Aktionäre in den USA besonders dann attraktiv, wenn die Steuerbelastung für Veräußerungsgewinne geringer ausfällt als die Grenzsteuerbelastung für herkömmliche laufende Einkünfte.

2003 wurde in den USA ein Gesetz („Jobs and Growth Tax Relief Reconciliation Act") verabschiedet, das auf Dividenden eine maximale Ertragssteuer von 15 Prozent vorsieht. Diese Regelung gilt aber nicht, wenn das betreffende Unternehmen – wie bei REITs der Fall – nicht zur Körperschaftsteuer herangezogen wird.

Allerdings gibt es auch hierzu eine Reihe von Ausnahmen; der Steuersatz von 15 Prozent ist dennoch gegeben, wenn der in den USA Steuerpflichtige einem geringeren Einkommensteuersatz unterliegt, ein REIT Veräußerungsgewinne ausschüttet (die maximal mit 15 Prozent besteuert werden) oder wenn der REIT Ausschüttungen vornimmt, die von einer anderen Kapitalgesellschaft stammen. Eine weitere Sonderregelung ist, wenn der REIT ausnahmsweise Körperschaftsteuer zahlt und die Gewinne nicht ausschüttet, sondern thesauriert. Der maximale Steuersatz von 15 Prozent findet auch Anwendung, wenn die Ausschüttungen von Veräußerungsgewinnen herrühren oder die Gewinne durch Veräußerung von REITs beim Aktionär entstanden sind.

Noch in den 1980er Jahren wurden in den USA Gewerbeimmobilien vorwiegend mit einem hohen Fremdkapitalanteil finanziert. Aufgrund der hohen Sicherungsfunktion von Immobilien galt dies als akzeptabel. In diesen Jahren war die Risikobereitschaft bei vielen Immobilienunternehmen überdurchschnittlich ausgeprägt. Anfang der 1990er Jahre wurden Immobilien sogar zu über 90 Prozent fremdfinanziert und die Hypotheken gebündelt als Darlehen an die Börse gebracht. Aber als Anfang der 1990er auf dem Immobilienmarkt eine schwere Rezession einsetzte, wurden die Bestimmungen für die Vergabe von Hypotheken strenger und restriktiver gehandhabt.

In den letzten Jahren betrug der Fremdkapitalanteil bei REITs nur noch im Durchschnitt 50 Prozent. Dennoch zeichnet sich in den USA eine Krise auf dem Immobilienmarkt ab, denn in den letzten fünf Jahren sind die Investitionen in den Immobilienmarkt sprunghaft angestiegen und haben in vielen Sektoren zu Exzessen geführt. Vielfach sind die Objekte überteuert, und die Federal Reserve, die Notenbank der USA, hat in den letzten Jahren die Leitzinsen kontinuierlich angehoben, was die Kreditaufnahme erheblich verteuert. Obwohl zirka zwei Drittel der REITs einen Investment Grade vorweisen können und damit über eine angemessene Bonität verfügen, bahnt sich eine Krise des überhitzten Immobilienmarktes an.

REITs in den USA

Im Jahre 2007 waren bei der amerikanischen Börsenaufsichtsbehörde, der Securities and Exchange Commission (SEC), zirka 190 REITs registriert, die an den größeren Börsen der USA gehandelt werden. Die Mehrzahl war an der New York Stock Exchange notiert. Die gesamte Börsenkapitalisierung dieser börsennotierten REITs beläuft sich auf 400 Milliarden US-Dollar. Daneben sind zirka 20 REITs bei der

Börsenaufsichtsbehörde registriert, die aber über keine Börsennotierung verfügen. Ungefähr 800 REITs firmieren als „private REITs" und sind daher weder bei der Börsenaufsichtsbehörde registriert noch an der Börse gelistet.

Industrieimmobilien

- AMB Property Corporation (NYSE: AMB)
- EastGroup Properties, Inc. (NYSE: EGP)
- First Industrial Realty Trust (NYSE: FR)
- First Potomac Realty Trust (NYSE: FPO)
- Monmouth Real Estate Investment Corporation (NASDAQ: MNRTA)
- ProLogis (NYSE: PLD)

Büroimmobilien

- Alexandria Real Estate Equities, Inc. (NYSE: ARE)
- American Financial Realty Trust (NYSE: AFR)
- AmeriVest Properties, Inc. (AMEX: AMV)
- BioMed Realty Trust (NYSE: BMR)
- Boston Properties, Inc. (NYSE: BXP)
- Brandywine Realty Trust (NYSE: BDN)
- Brookfield Properties Corporation (NYSE: BPO)
- Corporate Office Properties Trust (NYSE: OFC)
- Franklin Street Properties Corp. (AMEX: FSP)
- Glenborough Realty Trust Inc. (NYSE: GLB)
- Highwoods Properties, Inc. (NYSE: HIW)
- HRPT Properties Trust (NYSE: HRP)
- Kilroy Realty Corporation (NYSE: KRC)
- Mack-Cali Realty Corporation (NYSE: CLI)
- Maguire Properties, Inc. (NYSE: MPG)
- Parkway Properties, Inc. (NYSE: PKY)
- Reckson Associates Realty Corp. (NYSE: RA)
- Republic Property Trust (NYSE: RPB)
- SL Green Realty Trust (NYSE: SLG)
- Wellsford Real Properties, Inc. (AMEX: WRP)

Regionale Einkaufszentren

- CBL & Associates Properties, Inc. (NYSE: CBL)
- Feldman Mall Properties, Inc. (NYSE: FMP)
- General Growth Properties, Inc. (NYSE: GGP)
- Glimcher Realty Trust (NYSE: GRT)
- Pennsylvania Real Estate Investment Trust (NYSE: PEI)

- Simon Property Group (NYSE: SPG)
- Taubman Centers, Inc. (NYSE: TCO)
- The Mills Corporation (NYSE: MLS)
- The Macerich Company (NYSE: MAC)

Einkaufszentren

- Acadia Realty Trust (NYSE: AKR)
- AmREIT (AMEX: AMY)
- Cedar Shopping Centers, Inc. (NYSE: CDR)
- Developers Diversified Realty Corporation (NYSE: DDR)
- Equity One, Inc. (NYSE: EQY)
- Federal Realty Investment Trust (NYSE: FRT)
- Kimco Realty Corporation (NYSE: KIM)
- Kite Realty Group Trust (NYSE: KRG)
- New Plan (NYSE: NXL)
- Ramco-Gershenson Property Trust (NYSE: RPT)
- Regency Centers Corporation (NYSE: REG)
- Saul Centers, Inc. (NYSE: BFS)
- Tanger Factory Outlet Centers, Inc. (NYSE: SKT)
- Urstadt Biddle Properties, Inc. (NYSE: UBA)
- Weingarten Realty Investors (NYSE: WRI)

Wohnimmobilien

- America First Apartment Investors, Inc. (NASDAQ: APRO)
- American Campus Communities, Inc. (NYSE: ACC)
- Apartment Investment & Management Company (NYSE: AIV)
- Archstone-Smith Trust (NYSE: ASN)
- Associated Estates Realty Corporation (NYSE: AEC)
- AvalonBay Communities (NYSE: AVB)
- Berkshire Income Realty, Inc. (NASDAQ: BIR.PRA)
- BNP Residential Properties, Inc. (AMEX: BNP) (merger agreement w/ Babcock & Brown, Ltd.)
- BRE Properties, Inc. (NYSE: BRE)
- Camden Property Trust (NYSE: CPT)
- Education Realty Trust, Inc. (NYSE: EDR)
- Equity Residential (NYSE: EQR)
- Essex Property Trust, Inc. (NYSE: ESS)
- GMH Communities Trust (NYSE: GCT)
- Home Properties, Inc. (NYSE: HME)
- Maxus Realty Trust, Inc. (NASDAQ: MRTI)
- Mid-America Apartment Communities, Inc. (NYSE: MAA)

- Post Properties Trust (NYSE: PPS)
- United Dominion Realty Trust (NYSE: UDR)

Diversifizierte Immobilien

- Colonial Properties Trust (NYSE: CLP)
- Cousins Properties, Inc. (NYSE: CUZ)
- Crescent Real Estate Equities Company (NYSE: CEI)
- iStar Financial (NYSE: SFI)
- Lexington Corporate Properties Trust (NYSE: LXP)
- Newkirk Realty Trust, Inc. (NYSE: NKT)
- One Liberty Properties, Inc. (NYSE: OLP)
- Sizeler Property Investors, Inc. (NYSE: SIZ)
- Spirit Finance Corporation (NYSE: SFC)
- Thomas Properties Group, Inc. (NASDAQ: TPGI)
- Vornado Realty Trust (NYSE: VNO)
- Washington Real Estate Investment Trust (NYSE: WRE)
- Winthrop Realty Trust (NYSE: FUR)

Hotellerie

- Ashford Hospitality Trust Inc. (NYSE: AHT)
- DiamondRock Hospitality Company (NYSE: DRH)
- Eagle Hospitality Properties Trust, Inc. (NYSE: EHP)
- Equity Inns, Inc. (NYSE: ENN)
- FelCor Lodging Trust Inc. (NYSE: FCH)
- Hersha Hospitality Trust (AMEX: HT)
- Highland Hospitality Corporation (NYSE: HIH)
- Hospitality Properties Trust (NYSE: HPT)
- Host Hotels & Resorts, Inc. (NYSE: HST)
- Innkeepers USA Trust (NYSE: KPA)
- InnSuites Hospitality Trust (AMEX: IHT)
- LaSalle Hotel Properties (NYSE: LHO)
- MHI Hospitality Corporation (AMEX: MDH)
- Strategic Hotels & Resorts, Inc. (NYSE: BEE)
- Sunstone Hotel Investors, Inc. (NYSE: SHO)
- Supertel Hospitality, Inc. (NASDAQ: SPPR)
- Winston Hotels, Inc. (NYSE: WXH)

Health Care

- Cogdell Spencer, Inc. (NYSE: CSA)
- Health Care Property Investors, Inc. (NYSE: HCP)

- Health Care REIT, Inc. (NYSE: HCN)
- LTC Properties, Inc.(NYSE: LTC)
- Medical Properties Trust, Inc. (NYSE: MPW)
- National Health Realty, Inc. (AMEX: NHR)
- Nationwide Health Properties, Inc. (NYSE: NHP)
- Omega Healthcare Investors, Inc. (NYSE: OHI)
- Senior Housing Properties Trust (NYSE: SNH)
- Universal Health Realty Income Trust (NYSE: UHT)
- Ventas, Inc. (NYSE: VTR)

Forstwesen

- Longview Fibre Company (NYSE: LFB)
- Plum Creek Timber Company, Inc. (NYSE: PCL)
- Rayonier, Inc. (NYSE: RYN)
- Potlatch Corp. (NYSE: PCH)

7   Wie kann man in REITs investieren?

Bislang konnten Anleger in Deutschland auf folgende Art und Weise in Immobilien investieren: Es gibt offene und geschlossene Immobilienfonds, die ein indirektes Investment gestatten, und den direkten Kauf von Immobilien. Darüber hinaus können Investoren auch ihr Geld in börsennotierte Immobilienaktien oder in Pfandbriefe anlegen. Pfandbriefe wurden in Preußen bereits im 18. Jahrhundert eingesetzt; es handelt sich um Anleihen, die durch Grundpfandrechte gesichert sind. Zusätzlich zu diesen Möglichkeiten eröffnen seit dem Jahr 2007 REITs als besondere Form börsennotierter Immobiliengesellschaften neue Chancen.

Aktien von börsennotierten REITs kann jeder Anleger problemlos erwerben. Neben den Privatanlegern spielen institutionelle Investoren wie beispielsweise Versicherungen und Pensionsfonds eine wichtige Rolle. Ein wichtiges Motiv für die Investition in REITs sind die kontinuierlichen Dividendenausschüttungen, die relative Stabilität des Immobilienmarktes und die geringe Korrelation mit den Aktien- und Rohstoffmärkten.

Neben der direkten Anlage in REITs können Anleger spezielle Investmentfonds kaufen, die schwerpunktmäßig auf REITs oder herkömmliche Immobilienaktien setzen. Durch das große Portfolio eines Investmentfonds wird das Risiko über eine Vielzahl von Aktien gestreut. Aufgrund der hohen Gebühren, die bei einem Kauf von Investmentfonds anfallen (Ausgabeaufschlag, jährliche Managementgebühr) sind oft Zertifikate auf einen Korb von REITs, Immobilienaktien oder Immobilienindizes eine günstige Alternative zu Investmentfonds.

Für die Analyse und Bewertung von REITs werden dieselben Methoden angewandt wie bei der normalen Aktienanalyse, da es sich auch um Aktien handelt. Zusätzlich zu den dort üblichen Kennzahlen wie das Kurs-Gewinn-Verhältnis oder die Dividendenrendite verwendet man eine weitere wichtige Kennzahl, die sich aus dem Immobiliengeschäft ergibt. Diese Kennziffer heißt Net Asset Value (NAV). Sie bezieht sich auf das Reinvermögen des Unternehmens je Aktie. Ist der Aktienkurs höher als der Net Asset Value, dann ist der REIT als Aktie überbewertet. Fällt hingegen der Aktienkurs unter den Net Asset Value, dann gilt die Aktie als günstig, sofern nicht irgendwelche fundamentalen Aspekte gegen einen Kauf sprechen. Anleger sollten daher vorsichtig agieren, denn ein stark fallender Aktienkurs deutet auf schlechte

Unternehmensnachrichten hin, die bislang noch nicht veröffentlicht wurden. Wenn eine Aktie weit unter ihrem Net Asset Value notiert, kann ein langer Kursverfall vorausgegangen sein. Erst wenn eine nachhaltige Bodenbildung einsetzt und die Konsolidierung abgeschlossen ist, kann ein Engagement erwogen werden, sofern alle anderen Rahmendaten stimmen und für einen Kauf sprechen. Die meisten REITs notieren jedoch durchaus weit über dem Net Asset Value. In der hohen Bewertung sind bereits die erwarteten Zukunftsaussichten antizipiert und im Kursniveau berücksichtigt worden.

7.1   Immobilienzertifikate

Zertifikate sind Wertpapiere, deren Marktwert sich von Basisinstrumenten ableitet – man ordnet sich daher den Derivaten („abgeleiteten Wertpapieren") zu. Als Basisinstrument oder Underlying kann eine Zusammenstellung (Basket) verschiedener REITs oder Immobilienaktien dienen.

Es gibt folgende Varianten von Zertifikaten im Immobilienbereich:

*   Zertifikate auf einen Basket aus REITs
*   Zertifikate auf einen Basket aus börsennotierten Immobilienaktien
*   Zertifikate auf einen Basket aus REITs und börsennotierten Immobilienaktien
*   Zertifikate auf Immobilienindizes
*   Zertifikate auf Einzelaktien (REITs oder herkömmliche Immobilienaktien)

In Zukunft wird die Finanzdienstleistungsbranche sicher weitere Konzepte entwickeln, um den Anlegern noch bessere Investitionen auf dem Immobilienmarkt zu ermöglichen. Im Bereich der Anleihenmärkte sind ebenfalls Zertifikate emittiert worden, die sich indirekt auf das Immobiliengeschäft beziehen. So gibt es spezielle Zertifikate, die sich auf die Indizes von Pfandbriefen beziehen. Denkbar wäre es auch, ein Zertifikat zu konzipieren, das sich auf eine Auswahl von hypothekengesicherten Wertpapieren stützt. In den USA sind solche so genannten Asset Backed Securities – oder speziell auf den Immobilienmarkt bezogen: Mortgage Backed Securities – weit verbreitet. Dabei werden die Hypothekenkredite von privaten Hauseigentümern zu einem Pool gebündelt und als Anleihen an die Börse gebracht. Durch eine solche Poolbildung verhindert man, dass das Risiko aufgrund der geringeren Bonität einzelner Hypotheken zu stark ansteigt. Dennoch erwirtschaften solche Mortgage Backed Securities eine höhere Rendite als andere Anleihen. Bislang wurde jedoch noch kein Zertifikat auf solche Anleihen herausgegeben.

Zertifikate haben generell den Vorteil, dass sie die Wertentwicklung des zugrundeliegenden Basisinstruments genau abbilden und damit die Performance nachzeichnen. Anders als Investmentfonds sind bei Zertifikaten die Gebühren wesentlich geringer, wenngleich es auch Ausnahmen gibt, die durch teuere Managementgebühren auffallen.

Beim Kauf von Zertifikaten fällt der Spread an; darunter versteht man die Differenz zwischen dem Kauf- und dem Verkaufskurs (im Fachjargon Geld- und Briefkurs oder Ask und Bid genannt). Zusätzlich berechnen die Emittenten bei manchen Zertifikaten eine jährliche Managementgebühr, die bis zu 2 Prozent betragen kann. Bei Zertifikaten auf Immobilienindizes ist eine solche Managementgebühr nicht gerechtfertigt, da bei solchen Wertpapieren kein Verwaltungs- oder Analyseaufwand entsteht. Eine Ausnahme sind sehr seltene Indizes auf exotische Immobilienmärkte oder währungsgesicherte Zertifikate, die man auch Quantozertifikate nennt.

Managementgebühren werden häufig auf Basketzertifikate erhoben, da bei diesen die Zusammenstellung des Aktienkorbs aus REITs oder herkömmlichen börsennotierten Immobilienaktien in regelmäßigen Intervallen (beispielsweise vierteljährlich oder jährlich) überprüft und revidiert wird.

7.2 Zertifikate auf REITs und herkömmliche Immobilienaktien

Die in den Niederlanden ansässige ABN Amro Bank hat eine ganze Reihe von Zertifikaten herausgegeben, die sich sowohl auf börsennotierte Immobiliengesellschaften als auch auf REITs beziehen.

7.2.1 GPR Global Top 30 Property Open End Zertifikat

Dieses Zertifikat bildet die Wertentwicklung der 30 größten Immobiliengesellschaften und REITs weltweit ab. Die spezifische Ländergewichtung ist auf maximal 20 Prozent je Land begrenzt, um eine sinnvolle und ausgewogene geographische Streuung zu ermöglichen. Der Index ist marktkapitalisierungsgewichtet, d.h. die größeren Unternehmen haben einen höheren Anteil am Index, und wird einmal jährlich angepasst. Der zugrundeliegende Index ist als Total Return Index konzipiert; unter Total Return versteht man, dass sich der Index nicht vorrangig an einem Vergleichsindex und dessen Performance orientiert, sondern dass unabhängig von solchen Benchmarks und der Marktentwicklung eine angemessene Rendite erwirtschaftet werden soll. 75 Prozent der Dividendenausschüttungen werden in den Index reinvestiert, was für den Anleger besonders vorteilhaft ist, denn er profitiert dann zusätzlich von den bei Immobiliengesellschaften und REITs häufig überdurchschnittlich hohen Dividenden.

WKN: ABN 2DK
ISIN: NL0000048742
Laufzeit: Open End
Geld-/Brief-Spanne: 1,5%
Managementgebühr: 0,75% p.a.

7.2.2   GPR Global Top 30 REITs Open End Zertifikat

Dieses Zertifikat spiegelt die Wertentwicklung der 30 größten REITs weltweit wider. Der Index umfasst nur REITs und keine sonstigen börsennotierten Immobilienaktien. REITs haben aufgrund der steuerlichen Vorteile in den meisten Ländern eine oft größere Rendite und attraktive Ausschüttungen. Die Ländergewichtung ist auf maximal 20 Prozent je Land beschränkt, um eine ausreichende Diversifikation über mehrere Länder und Regionen zu gewährleisten. Der Index ist nach der Größe der Unternehmen marktkapitalisierungsgewichtet und wird einmal jährlich angepasst. Der Index ist als Total Return Index konzipiert. 75 Prozent der Dividendenausschüttungen werden in den Index reinvestiert.

WKN: ABN 2DL
ISIN: NL0000048759
Laufzeit: Open End
Geld-/Brief-Spanne: 1,5%
Managementgebühr: 0,75% p.a.

7.2.3   GPR Continental Europe Property Open End Zertifikat

Diese Zertifikat bildet die Wertentwicklung der 20 größten Immobiliengesellschaften auf dem europäischen Kontinent ab. Britische Immobiliengesellschaften wurden aus diesem Index ausgeklammert. Im Vergleich zu Großbritannien gibt es in Kontinentaleuropa noch erheblichen Nachholbedarf, was die Größe und die Liquidität der einzelnen Immobiliengesellschaften anbelangt. Im Vergleich zum Vereinigten Königreich befinden sich die meisten Immobilienmärkte auf dem Kontinent noch in einer Frühphase der Entwicklung. Der Index ist marktkapitalisierungsgewichtet und wird einmal jährlich angepasst. Er folgt dem populären Total-Return-Ansatz. 75 Prozent der Dividendenausschüttungen werden in den Index reinvestiert.

WKN: ABN 2DM
ISIN: NL0000048767
Laufzeit: Open End
Geld-/Brief-Spanne: 1%
Managementgebühr: 1% p.a.

7.2.4 GPR Asia/Pacific Property Open End Zertifikat

Dieses Zertifikat zeichnet die Wertentwicklung der maximal 20 größten Immobilien-gesellschaften aus der Region Asien und Pazifik (Ozeanien) nach. Dazu gehören beispielsweise die boomende Metropole Hongkong, Japan, aber auch Australien und Neuseeland. Der Index ist marktkapitalisierungsgewichtet und wird einmal jährlich angepasst. Der Index ist als Total Return Index konzipiert. 75Prozent der Dividen-denausschüttungen werden in den Index reinvestiert.

WKN: ABN 2DN
ISIN: NL0000048775
Laufzeit: Open End
Geld-/Brief-Spanne: 1,5%
Managementgebühr: 1% p.a.

7.2.5 GPR US REITs Property Open End Zertifikat

Dieses Zertifikat bezieht sich auf die Wertentwicklung der 30 größten Real Estate Investment Trusts (REITs) in den USA. Der amerikanische Immobilienmarkt gilt mit Abstand als der größte Immobilienmarkt weltweit. Der Index ist marktkapitalisie-rungsgewichtet und wird einmal jährlich angepasst. Der Index ist als Total Return Index konstruiert. 75 Prozent der Dividendenausschüttungen werden in den Index reinvestiert.

WKN: ABN 2DH
ISIN: NL0000048726
Laufzeit: Open End
Geld-/Brief-Spanne: 1,5% (1% während der US-Handelszeiten)
Managementgebühr: 1% p.a.

7.2.6   GPR UK Property Open End Zertifikat

Dieses Zertifikat bildet die Wertentwicklung der 20 größten britischen Immobilien-gesellschaften ab. Der Index ist marktkapitalisierungsgewichtet und wird einmal jährlich angepasst. Der Index folgt dem Total-Return-Konzept. 75 Prozent der Dividendenausschüttungen werden in den Index reinvestiert.

WKN: ABN 2DJ
ISIN: NL0000048734
Laufzeit: Open End
Geld-/Brief-Spanne: 1%
Managementgebühr: 1% p.a.

7.2.7   Der UBS Europa REIT Top 15 Index

Dieses von der Schweizer Bank UBS emittierte Zertifikat fasst in einem Index die 15 größten REITs in Europa zusammen.

ISIN: CH0024179241
Laufzeit: Open End
Managementgebühr: 0,75% p.a.

7.2.8   GPR ABN German Property Index

Das von der ABN Amro Bank herausgegebene Zertifikat spiegelt die Wertentwicklung der 19 wichtigsten deutschen Immobiliengesellschaften wider, die das Potenzial haben, sich in einen REIT umzuwandeln.

Das Zertifikat bezieht sich dabei auf den GPR/ABN AMRO German Property Total Return Index. Dieser Index umfasst alle deutschen Immobilienunternehmen, die ausschließlich in der Immobilienbranche aktiv sind und den Großteil ihres Ertrages aus dem Management von Immobilien und der Projektentwicklung beziehen.

Die Zahl der im Index enthaltenen Unternehmen ist nicht beschränkt. Sobald in Deutschland die ersten REITs gegründet worden sind, werden diese vorrangig berücksichtigt.

Eine grundsätzliche Aufnahmebedingung ist, dass das jeweilige Immobilienunternehmen zehn Prozent der Umsätze in Deutschland erzielen muss. Immobiliengesellschaften, deren Umsatzanteil im Inland unter 50 Prozent, aber über 10 Prozent liegt, werden entsprechend niedriger gewichtet als Unternehmen, deren Großteil des Umsatzes in Deutschland entsteht. Die Zusammensetzung des Index wird halbjährlich überprüft und unter Umständen angepasst. Die ausgeschütteten Dividenden werden zu 75 Prozent angerechnet.

Index: GPR/ABN AMRO German Property Total Return Index
Laufzeit: Open End
Managementgebühr: 1% p. a.
Wertpapierkennnummer: ABN 42C
ISIN: NL0000602910

7.2.9   Deutscher Börse Immo-Index

Das von der Citibank initiierte Zertifikat bildet den Deutschen Börsen Immo-Index ab.

ISIN: DE000CG21MM4
Laufzeit: 13.12.2012
Managementgebühr: keine

7.2.10   GPR Global Top 50 Index

Das von der Schweizer Bank UBS herausgegebene Zertifikat bezieht sich auf die 50 größten Immobiliengesellschaften der Welt.

ISIN: CH0019839858
Laufzeit: Open End
Managementgebühr: 0,80% p.a.

7.2.11   FTSE-Epra/Nareit Eurozone Index

Das von der HypoVereinsbank emittierte Zertifikat bezieht sich auf Immobiliengesellschaften und REITs, die in der Eurozone ihren Sitz haben.

ISIN: DE000HV092P2
Laufzeit: Open End
Managementgebühr: 0,25% p.a.

7.2.12   Deutschland REIT on GPR

Das von der UBS entwickelte Zertifikat umfasst neun deutsche börsennotierte Immobiliengesellschaften, die die Möglichkeit haben, sich in einen REIT umzuwandeln.

ISIN: CH0026653300
Laufzeit: Open End

7.2.13   EPRA NaREIT Europe

Das von der HypoVereinsbank konstruierte Zertifikat beruht auf einem eigens entwickelten Index, der die wichtigsten 82 europäischen Immobilienaktien zusammenfasst.

ISIN: DE000HV092N7
Laufzeit: Open End

7.2.14   Europa REIT Top 15

Das von der UBS stammende Zertifikat fasst die 15 wichtigsten europäischen REITs in einer Aktienauswahl zusammen.

ISIN: CH0024179241
Laufzeit: Open End

7.2.15   S-BoxTurkish REITs

Das von der Deutschen Bank herausgegebene Zertifikat bezieht sich auf sieben türkische Immobiliengesellschaften.

ISIN: DE000DB6GTR1
Laufzeit: Open End

7.2.16 Osteuropa Immobilien Zertifikat

Die ABN Amro Bank hat ein Zertifikat auf den osteuropäischen Immobilienmarkt emittiert, der sich durch besonders hohe Zuwachsraten auszeichnet. Der Immobilienindex GPR/ABN Amro Eastern Europe Top 20 Property bezieht sich auf die wichtigsten Immobiliengesellschaften, die Immobilien in Osteuropa, Russland und in der Türkei betreiben. Die ausgeschütteten Dividenden werden mit einbezogen, und der Index wird vierteljährlich überprüft und angepasst.

Wertpapierkennnummer: ABN 3X8
ISIN: NL0000161495
Laufzeit: Open End
Spread: 2,5%
Managementgebühr: 1,25 % p.a.

7.2.17 China Immobilien Zertifikat

Das China Immobilien Zertifikat gibt die Wertentwicklung des GPR China Property TR Index wieder. Der Index bezieht sich auf die Kursentwicklung von 20 chinesischen Immobilienunternehmen und berücksichtigt die Dividendenausschüttungen. Die im Index enthaltenen Unternehmen werden nach ihrer Marktkapitalisierung

gewichtet; der Anteil eines Unternehmens wird bei jeder Neugewichtung auf höchstens 15 Prozent begrenzt. Der Index wird zweimal jährlich überprüft und angepasst.

Nur solche Unternehmen finden Eingang in den Index, die auch ihre Hauptgeschäftstätigkeit in China haben. Immobiliengesellschaften, die sich auf Hongkong konzentrieren, wurden ausgeklammert, da sich der Immobilienmarkt in Hongkong beträchtlich vom chinesischen Festland unterscheidet. In den Index sind jedoch Unternehmen aufgenommen worden, die ihren Geschäftssitz im Ausland haben, aber den Löwenanteil der Umsätze durch Immobiliengeschäfte in China erzielen.

GPR China Property TR Index
WKN: AA0 EK7
ISIN: NL0000776870
Laufzeit: Open End
Spread: 2 %
Managementgebühr: 1 % p.a.

7.2.18   Emerging Markets Immobilien Zertifikat

Die enorme Dynamik der Schwellenländer wirkt sich auch auf den Immobilienmarkt aus und löst dort einen Boom aus. So erreichten die Wachstumsraten in China in den letzten Jahren stets über zehn Prozent. Argentinien konnte einen Zuwachs von über neun Prozent vorweisen und erholte sich von der schweren Krise, die das südamerikanische Land um die Jahrtausendwende heimsuchte. Ebenso boomte Russland, das im Durchschnitt auf über 6 Prozent Wirtschaftswachstum kam.

Im selben Tempo entwickelte sich der Immobilienmarkt, da mit dem steigenden Wohlstand und einer wachsenden Kaufkraft die Ansprüche an komfortables Wohnen wuchsen. Die Nachfrage nach Gewerbeimmobilien steigt stetig, und manche Metropolen wie Moskau und Shanghai gelten heute bereits als Goldgrube für Bauunternehmer. Darüber hinaus findet ein zügiger Ausbau der Infrastruktur statt. In Shanghai wurde eine Magnetschwebebahn zum Flughafen gebaut; aber auch die Schienen- und Straßennetze, die See- und Flughäfen sowie der öffentliche Nahverkehr werden permanent erweitert. Hinzu kommt der Bau von Kraftwerken, um den immensen Energiebedarf zu decken.

Das von der ABN Amro Bank aufgelegte Zertifikat ermöglicht es dem Anleger, an dem Immobilienboom in den Schwellenländern teilzuhaben. Der Index (GPR/ABN AMRO Emerging Market Top 20 Property Index) bildet die Wertentwicklung von 20 börsennotierten Immobilienunternehmen aus Schwellenländern ab. Die Dividenden werden bei der Performance berücksichtigt. Die im Index zusammengefassten Unternehmen sind nach ihrer Marktkapitalisierung gewichtet. Der Anteil eines einzelnen Landes ist auf maximal 30 Prozent beschränkt. Der Index wird zweimal jährlich überprüft und angepasst. Zu den Ländern, die in die Auswahl aufgenommen werden können, gehören lateinamerikanische Staaten (Chile, Argentinien, Mexiko, Brasilien, Venezuela, Kolumbien, Peru), Osteuropa (Estland, Lettland, Litauen, Polen, Ungarn, Tschechien, Bulgarien, Kroatien, Rumänien, Slowakei, Slowenien, Russland), asiatische Länder (China, Philippinen, Indien, Indonesien, Malaysia) und afrikanische Staaten (Ägypten, Marokko, Nigeria, Südafrika).

Name: GPR/ABN AMRO Emerging Market Top 20 Property TR Index
Wertpapierkennnummer: AA0 EMU
Laufzeit: Open End
ISIN: NL0000797447
Spread: 2,5 %
Managementgebühr 1 % p. a.

7.2.19 TOPIX REIT Quanto Open End Zertifikat

Dieses von der ABN Amro Bank herausgegebene Zertifikat setzt auf japanische REITs, die an der Tokioter Börse notieren und im japanischen Index TOPIX enthalten sind. Der TOPIX ist im Vergleich zum wesentlich bekannteren Nikkei-Index breiter angelegt und umfasst alle wichtigen Branchen in einem ausgewogenen Verhältnis. Bei dem Zertifikat handelt es sich um ein so genanntes Quantozertifikat, d.h. es ist währungsgesichert. In den letzten Jahren verlor der japanische Yen deutlich gegenüber dem Euro und dem US-Dollar, da die Leitzinsen in Japan auf einem Rekordtief sind.

Der spezielle TOPIX REIT Index bildet die Wertentwicklung aller japanischen REITs ab, die an der Tokioter Börse notiert sind. Zurzeit umfasst der Index 13 Immobiliengesellschaften.

WKN: ABN 4GS
ISIN: NL0000425833
Laufzeit: Open End
Geld-/Briefspanne: 1,5 %
Absicherungsgebühr (Währungsabsicherung): täglich variabel

8   Immobilienaktien

Immobilienaktien haben für Anleger etliche Vorteile, denn sie profitieren von den Dividendenausschüttungen, den Wertsteigerungen des Immobilienbestandes und von den Kursgewinnen, die sich durch die optimistische Einschätzung der Marktteilnehmer ergeben. Immobilienaktien können erheblich steigen, wenn ein Markt als besonders attraktiv eingestuft wird und die Immobiliengesellschaft es durch eine geschickte Strategie versteht, neue Objekte zu erwerben oder bestehende Immobilien besser zu vermarkten.

In den letzten Jahren haben sich die deutschen Immobilienaktien wesentlich besser als der gesamte Aktienmarkt entwickelt und konnten enorme Wertsteigerungen verzeichnen. Ursache dafür waren die relativ niedrigen Zinsen, die nach dem Zusammenbruch des Neuen Marktes im Jahre 2000 und nach dem 11. September 2001 international an der Tagesordnung waren. Die meisten Zentralbanken der entwickelten Länder hatten die Leitzinsen schrittweise auf ein äußerst niedriges Niveau abgesenkt, um eine Rezession zu verhindern. Viele Anleger veräußerten damals in Panik Technologiewerte und suchten nach Anlagealternativen. Dank der niedrigen Zinsen entwickelte sich der deutsche Immobilienmarkt kontinuierlich, wenn auch die Steigerungsraten nicht mit denen anderer europäischer Länder vergleichbar waren.

Im Jahr 2006 erreichte der DIMAX, der die Wertentwicklung deutscher Immobilien widerspiegelt, eine Performance, die mehr als viermal höher lag als die Wertentwicklung des DAX. Immobilienunternehmen, die durch Fremdkapital ihre Gewinne hebeln, können im Durchschnitt eine Rendite bei Gewerbeimmobilien zwischen 12 und 15 Prozent erreichen, wenn man nicht nur die ausgeschütteten Dividenden, sondern auch die Steigerung des Net Asset Value (den Gesamtwert des Immobilienvermögens abzüglich der Verbindlichkeiten) berücksichtigt.

Langfristig gelten besonders Einzelhandelsobjekte als lukrativ, da diese bislang noch relativ niedrig bewertet sind. Kurzfristig bietet der Büroimmobilienmarkt gute Chancen. Die Märkte in Frankreich und London sind bereits sehr gut gelaufen; weiteres Wachstumspotenzial haben insbesondere Singapur und Hongkong.

Ein wichtiger Index für den deutschen Immobilienmarkt ist der DIMAX, der eine Marktkapitalisierung von mehr 12 Milliarden Euro aufweist. Es handelt sich um einen Performanceindex, dessen Titel anhand der Marktkapitalisierung der Gesellschaften gewichtet werden. Die enthaltenen Unternehmen müssen 75 Prozent ihres Umsatzes und Ertrags aus Immobiliengeschäften beziehen. Alle Unternehmen müssen börsennotiert sein. Der große Erfolg der Immobilienunternehmen beruht vor allem darauf, dass sie ihren Fokus nicht wie früher auf die Verwaltung und das Betreiben von Immobilien legen, sondern die Entwicklung, Strukturierung und den Handel von Immobilien als Kerngeschäft betrachten.

Mit der Einführung von REITs in Deutschland im Jahre 2007 haben die bisherigen börsennotierten Immobiliengesellschaften weiteren Auftrieb erhalten, denn sie können sich in REITs umwandeln und dadurch höhere Ausschüttungen an die Aktionäre zahlen. Die hohe Wertschätzung der Immobilienaktien manifestiert sich auch darin, dass die meisten Titel inzwischen über dem Net Asset Value (NAV) notieren. Der Aufschlag erreicht mittlerweile 10 bis 15 Prozent mit weiter steigender Tendenz.

Ein zusätzlicher Wertmaßstab für die Einschätzung der deutschen Immobilienaktien ist der Vergleich mit den europäischen Immobiliengesellschaften. Das Bankhaus Ellwanger & Geiger hat dafür eigens einen Index konstruiert – den EPIX. Diesen gibt es in mehreren Versionen. Der E&G EPIX 30 fasst die 30 wichtigsten börsennotierten Immobilienunternehmen der Eurozone zusammen. Darüber hinaus gibt es den E&G EPIX 50, der auch Unternehmen außerhalb der Eurozone berücksichtigt und insgesamt 50 Immobiliengesellschaften mit einbezieht.

Da in Deutschland die Immobilienaktien deutlich angezogen haben, ist in den nächsten Jahren eine leichte Konsolidierung zu erwarten. Auch wenn hierzulande das Potenzial des Immobilienmarkts noch nicht vollständig ausgeschöpft wurde und die Einführung von REITs für zusätzliche Impulse sorgt, sprechen die weltweit leicht steigenden Zinsen eher für eine gewisse Konsolidierung in einem mittelfristigen Zeitrahmen.

Die in Deutschland börsennotierten Immobilienunternehmen haben eine Marktkapitalisierung von schätzungsweise fast 12 Milliarden Euro. Zu den Schwergewichten zählen IVG, Deutsche Wohnen und die Deutsche Euroshop. Eine Marktkapitalisierung von weit über einer Milliarde Euro weist auch Patrizia Immobilien auf. Die mittleren Immobilienunternehmen haben meist einen Börsenwert zwischen 100 und 500 Millionen Euro.

Die kleinen Immobilienunternehmen besitzen eine Marktkapitalisierung von unter 100 Millionen Euro. Man kann feststellen, dass Offenheit und Transparenz der Unternehmen mit sinkender Marktkapitalisierung deutlich abnehmen. Der Streubesitz dieser Small Caps der Immobilienbranche ist gering ausgeprägt, so dass Investmentfonds aufgrund der großen Anlagevolumina solche kleinen Immobilienunternehmen generell meiden. Insgesamt betrachtet wird die Zahl der börsennotierten Immobilienunternehmen dank der Einführung von REITs deutlich zunehmen. Die gesamte Branche wird an Attraktivität gewinnen, zumal Immobilienaktien als solides und renditestarkes Investment gelten.

8.1 Immobilienaktien – Übersicht

Zu den großen Standardwerten oder Large Caps unter den Immobilienaktien zählen Unternehmen wie IVG Immobilien, die Deutsche Euroshop, Patrizia Immobilien, Deutsche Wohnen und die DIC Asset Management AG.

Nebenwerte im Immobiliensektor oder Small Caps sind Immobiliengesellschaften, die eine Börsenkapitalisierung von weniger als 500 Millionen Euro aufweisen. Hierzu zählen beispielsweise Colonia Real Estate, Vivacon, die GBH, die Hamborner AG, der Bauverein zu Hamburg, die TAG Tegernsee Immobilien AG, Franconofurt, die Design Bau AG und eine Reihe anderer Unternehmen.

Im Folgenden werden die meisten der in Deutschland börsennotierten Immobiliengesellschaften ausführlicher in Einzelporträts vorgestellt.

8.2 Adler Real Estate AG

Die ADLER Real Estate AG ist eine in Hamburg ansässige Immobiliengesellschaft, die sich auf die Projektentwicklung, das Asset Management und den Bestandsaufbau bei Gewerbeimmobilien spezialisiert hat. Zu weiteren Geschäftsfeldern gehören die Vermarktung von Immobilien und die Realisierung von Bauprojekten. Darüber hinaus bietet das Unternehmen Beratungsdienstleistungen im Bereich der Immobilienfonds an.

Name
Adler Real Estate AG
Wertpapierkennnummer/ISIN
500800/ DE0005008007
Indexzugehörigkeit
CDAX, General Standard Kursindex und Performanceindex
Marktsegment
General Standard
Adresse
Adler Real Estate AG
Neuer Wall 77
20354 Hamburg
Internet: www.adler-ag.de

8.3   AGROB AG

Die AGROB AG konzentriert sich auf den Raum München und vermietet und ver-
pachtet neben Gewerbeimmobilien auch Wohngebäude. Schwerpunkt sind jedoch
Vermietungen an Kunden aus der Medienbranche. Im Jahre 2005 verfügte die
AGROB AG über eine Gesamtfläche von ungefähr 678.000 Quadratmetern.

Name
AGROB AG
Wertpapierkennnummer/ISIN
501900 / DE0005019004
Adresse
AGROB AG
Münchener Str.101
85737 Ismaning
Internet: www.agrob-ag.de

8.4   AIG International Real Estate KGaA

Die AIG International Real Estate strebt höchste Erträge für ihre Aktionäre durch
Investitionen in ein dynamisches und weltweit diversifiziertes Immobilienportfolio
an. Angepeilt werden Anlageprojekte mit einem zukünftigen Ertrag von 15 Prozent
und mehr bei einer Anlagedauer von 3 bis 7 Jahren. Investitionen in Nordamerika,
Europa und Asien werden zur breiteren Streuung vorbereitet.

Das Unternehmen sucht zusammen mit der AIG Global Real Estate Investment
Corp., dem Anlageverwalter der Immobiliensparte innerhalb der AIG Firmengruppe,
weltweit nach neuen lukrativen Anlageobjekten und hat aufgrund dieser Zusammenarbeit Zugang zu Investitionsgelegenheiten in den wichtigsten Immobilienmärkten
weltweit.

Im Jahr 2005 erzielte das Unternehmen einen Umsatz von 32,8 Millionen Euro und
einen Überschuss von 10,5 Millionen Euro. Die Eigenkapitalquote erreichte 75,6
Prozent.

Wertpapierkennnummer/ISIN
634421/ DE0006344211
Börsenplätze
Xetra, Frankfurt, München, Berlin, Stuttgart
Indexzugehörigkeit
E&G DIMAX Deutscher Immobilienaktienindex
Marktsegment
Amtlicher Handel / Prime Standard
Erstnotierung
08.07.2002
Adresse
AIG International Real Estate GmbH & Co. KGaA
Oberlindau 76-78
60323 Frankfurt
Internet: www.aig-ire.de

8.5   Alstria Office

Die im Januar 2006 gegründete Alstria Office AG verfügt über ein vielfältiges Portfolio von Büroimmobilien an verschiedenen Standorten in ganz Deutschland, beispielsweise in Hamburg, München, Stuttgart, Hannover oder Düsseldorf. Der Wert der 63 Immobilien mit einer Gesamtmietfläche von etwa 620.000 Quadratmeter wird auf knapp 1,6 Milliarden Euro geschätzt. Der Net Asset Value liegt bei 825 Millionen Euro.

Der Büroimmobilienbetreiber Alstria Office AG möchte sich in absehbarer Zeit in einen REIT umwandeln. Daher erfolgte im April 2007 der Gang an den Prime Standard der Deutschen Börse mit einem Ausgabepreis von 16 Euro. Doch bereits eine Stunde nach der Börseneröffnung fiel die Aktie ins Minus und wurde bei 15,90 Euro gehandelt, so dass die Alstria Office AG aufgrund der schwachen Nachfrage auf die Mehrzuteilung von ursprünglich geplanten 3,8 Millionen Aktien verzichtete.

Das Gesamtvolumen lag bei 27,3 Millionen platzierten Aktien, die 435 Millionen Euro einbrachten. Aus der Kapitalerhöhung flossen dem Unternehmen 256 Millionen Euro zu, mit deren Hilfe das Unternehmen weitere Büroimmobilien erwerben will. Weitere Käufe in Höhe von 500 bis 700 Millionen Euro sind in den nächsten Jahren geplant. Die Umwandlung in einen REIT würde eine weitere Kapitalerhöhung erforderlich machen.

8.6   Alta Fides AG

Die Alta Fides AG ist die Holding der Alta-Fides-Gruppe. Die Tochtergesellschaften haben ihr Hauptgeschäftsfeld im Bereich denkmalgeschützter Wohnimmobilien in Premiumlagen der Bundesländer Sachsen, Baden-Württemberg und Bayern. Einen Schwerpunkt bei den Investitionen bildet die Stadt Leipzig. Zu den wichtigsten Aktivitäten zählen neben der innovativen Projektentwicklung hochwertiger und exklusiver denkmalgeschützter Häuser und Wohnungen der Handel mit solchen Wohnimmobilien. 2005 lag der Gewinn je Aktie bei 99,92 Euro und die Eigenkapitalquote bei 26,76 Prozent.

Name
Alta Fides AG
Wertpapierkennnummer/ISIN
A0B7EZ / DE000A0B7EZ7
Indexzugehörigkeit
CDAX, Classic All Share, GEX, Prime All Share, Prime Financial Services
Kontakt
ALTA FIDES Aktiengesellschaft für Grundvermögen
Altenbergstraße 3
D-70180 Stuttgart
Internet: www.altafides.de

8.7   Amira Verwaltungs-AG

Die in München ansässige Amira Verwaltungs-AG verfügt über zwei Immobilien in der bayerischen Landeshauptstadt, die vermietet werden. Das Unternehmen besitzt zwei Tochtergesellschaften im Inland. Die Streubesitzquote erreichte 2007 nur den Wert von 3,29 Prozent.

Name
Amira Verwaltungs-AG
Wertpapierkennnummer/ISIN
764700 / DE0007647000
Kontakt
Amira Verwaltungs-AG
Brienner Str. 9
80333 München
Internet: www.amiraplatz.de

8.8 Anterra Vermögensverwaltungs-AG

Die Anterra Vermögensverwaltungs-AG hat ihren Sitz in Frankfurt am Main. Ihr Hauptgeschäftsfeld ist die Verwaltung und Betreuung von Immobilienvermögen und die Projektentwicklung von Gewerbeimmobilien. Daneben betreibt sie die Privatisierung von Wohnungsbeständen. Die Streubesitzquote erreichte im Jahre 2007 lediglich 5,54 Prozent.

Name
Anterra Vermögensverwaltungs-AG
Wertpapierkennnummer/ISIN
553273 / DE0005532733
Börsenplätze
Xetra

8.9 Ariston Real Estate AG

Die Ariston Real Estate AG ist eine Holding-Gesellschaft, die über Objekt- und Beteiligungsgesellschaften das Immobiliengeschäft betreibt. Im Mittelpunkt stehen deutsche Gewerbeimmobilien mit einem Schwerpunkt im Bereich der Einzelhandels- und Büroimmobilien. Darüber hinaus investiert das Unternehmen in Logistikimmobilien und Lagerhallen sowie Büroimmobilien und Einkaufszentren in Groß- und Mittelstädten. Die durchschnittliche Investition je Objekt liegt zwischen 5 und 25 Millionen Euro bei einem Eigenkapitalanteil von 20 Prozent. Angestrebt wird bei einer Haltedauer von zwei bis acht Jahren eine Mindestrendite von 15 Prozent im Jahr. Zu einem solch überdurchschnittlichen Ergebnis sollen nicht nur hohe Mieteinnahmen, sondern auch überdurchschnittliche Veräußerungsgewinne beitragen.

Das Ergebnis je Aktie betrug im Geschäftsjahr 2005/2006 1,37 Euro. Die Eigenkapitalquote lag bei 23,68 Prozent.

Name
Ariston Real Estate AG
Wertpapierkennnummer/ISIN
A0F5XM / DE000A0F5XM5
Börsenplätze
Frankfurt
Indexzugehörigkeit
CDAX
Kontakt
Ariston Real Estate AG
Maximiliansplatz 5
80333 München
Internet: www.ariston-ag.de

8.10   Bau-Verein zu Hamburg AG

Der Bau-Verein in Hamburg ist seit über 110 Jahren im deutschen Wohnungsmarkt tätig. Zu den Kerngeschäftsfeldern zählen die Vermietung und Verwaltung eigener Bestände, die Projektentwicklung sowie der Neubau von Wohnungen und das Portfoliomanagement für Dritte. Der Bau-Verein hat rund 3.200 Objekte im Eigenbestand und konzentriert die Projektentwicklung auf die Metropolen Hamburg, Berlin und München. Darüber hinaus verwaltet der Bau-Verein knapp 7.000 Wohnungseinheiten für Dritte.

Der Bau-Verein begann Ende 2006 ein Projekt in Höhe von 170 Millionen Euro in der Hansestadt. Geplant sind 750 Wohnungen sowie verschiedene Gewerbeobjekte in City-Lage und Einzelhandelsflächen. Der Umsatz belief sich im Jahre 2005 auf 136,8 Millionen Euro und der Jahresüberschuss auf eine Million Euro. Die Eigenkapitalquote lag bei 23,7 Prozent.

Name
Bau-Verein zu Hamburg AG
Wertpapierkennnummer/ISIN
517900/ DE0005179006
Börsenplätze
Xetra, Frankfurt, Hamburg
Indexzugehörigkeit
E&G DIMAX Deutscher Immobilienaktienindex
Marktsegment
Amtlicher Handel, Prime Standard
Erstnotierung
12.06.1998
Kontakt
Bau-Verein zu Hamburg AG
Alte Königstraße 8-14
22767 Hamburg
Internet: www.bau-verein.de

8.11   DBAG Deutsche Grundvermögen AG

Die DBAG Deutsche Grundvermögen hieß ursprünglich B&L Immobilien AG und wurde 1970 gegründet. Zu ihrem Tätigkeitsschwerpunkt gehörten in den siebziger Jahren Wohnimmobilien in Hamburg. Seit Mitte der 80er Jahre hat das Unternehmen sein Geschäftsmodell deutlich erweitert und um das Management, die Projektentwicklung und den An- und Verkauf von Gewerbeimmobilien in deutschen Ballungszentren ergänzt. 2001 kaufte das Unternehmen zusammen mit der HSH Nordbank 49,9 Prozent der LEG Schleswig-Holstein Landesentwicklungsgesellschaft mbH. Dies bedeutete, dass der Immobilienbestand um 18.200 Wohnimmobilien erweitert wurde. Im Jahre 2003 wurde die LEG Schleswig-Holstein vollständig privatisiert. An diesem Konzern, der Deutschen Grundvermögen DGAG AG, ist die DBAG mit 62% und die HSH Nordbank mit 38% beteiligt. Das Spektrum der Immobilien, die von der DBAG Deutsche Grundvermögen verwaltet und betreut werden, reicht von Mietwohnungen bis zu großen Einkaufszentren in Deutschland. An dem Unternehmen ist hauptsächlich der italienische Reifenhersteller Pirelli über die Immobiliengeschäfte abwickelnde Tochtergesellschaft Pirelli Real Estate beteiligt. Der Anteil beträgt 99,42 Prozent. Die Minderheitsaktionäre halten nur noch zirka 63.000 Aktien; es findet ein Squeeze-out-Verfahren statt, wobei die Minderheitsaktionäre kein Pflichtangebot erhalten. Pirelli wird das norddeutsche Immobilienunternehmen vollständig übernehmen. Pirelli Real Estate ist an der Mailänder Börse notiert und verfügt über einen Immobilienbestand in Höhe von 15 Milliarden Euro. 2005 betrug der

Jahresüberschuss der DBAG Deutsche Grundvermögen 3,7 Millionen Euro. Die Eigenkapitalquote lag bei 17,8 Prozent.

Name
DBAG Deutsche Grundvermögen AG
Wertpapierkennnummer/ISIN
765 950 / DE0007659500
Börsenplätze
Frankfurt am Main
Indexzugehörigkeit
E&G DIMAX Deutscher Immobilienaktienindex
Marktsegment
General Standard
Kontakt
DBAG Deutsche Grundvermögen AG
Große Elbstraße 47
22767 Hamburg
Internet: www.bl-ag.de

8.12   Colonia Real Estate AG

Die Colonia Real Estate AG ist eine bedeutende deutsche Immobiliengesellschaft, die sich mit dem Erwerb und dem Asset Management von unterbewerteten Immobilien beschäftigt. Zielsetzung des Unternehmens ist es, eine möglichst hohe Rendite durch unterbewertete Immobilien in Deutschland zu erzielen. Das in Köln ansässige Unternehmen hat ambitionierte Expansionspläne und möchte den Immobilienbestand in absehbarer Zeit verdoppeln. Der Vorstand erwägt, die Wohnimmobilien in einen REIT zu verwandeln, was jedoch nach der deutschen Gesetzgebung nicht möglich ist. Daher möchte man die Wohnimmobilien in einen neu zu gründenden, im Ausland residierenden REIT einbringen. Die Verdoppelung des Immobilienbestandes auf 20.000 Wohnungen ist Mitte 2007 abgeschlossen.

Im Jahr 2005 erreichte die Colonia Real Estate einen Jahresüberschuss von 6,8 Millionen Euro bei einem Umsatz von 7,7 Millionen Euro. Das Kurs-Gewinn-Verhältnis betrug 25,8 und die Eigenkapitalquote 22,9 Prozent.

Name
Colonia Real Estate AG
Wertpapierkennnummer/ISIN
633800 / DE000 633 800 7
Börsenplätze
XETRA, Berlin-Bremen, Frankfurt, Düsseldorf, Hamburg, München, Stuttgart
Indexzugehörigkeit
SDAX
Marktsegment
Prime Standard
Erstnotierung
27.08.2004
Kontakt
Colonia Real Estate AG
Hohenstaufenring 48 – 54
50674 Köln
Internet: www.coloniarealestate.com

8.13   Design Bau AG

Die Design Bau AG, die im Jahre 1988 gegründet wurde, hat als Zielgruppe Familien, die sich am Rande von Ballungszentren und Großstädten wie Berlin, Schwerin, Lübeck oder Hamburg ein Eigenheim erwerben wollen. Die Design Bau AG bietet dafür eine abgestimmte Gesamtlösung an, die vom Kauf von Grundstücken über modulare Hauskonzepte bis hin zu ausgereiften Finanzierungslösungen reicht. Insofern befasst sich das Unternehmen neben der Projektentwicklung mit komplexen immobilienbezogenen Dienstleistungen und profiliert sich so als Full-Service-Anbieter.

Die Gesellschaft verfügte im Jahre 2006 über einen Flächenbestand an Grundstücken von 265.000 m². Im Geschäftsjahr 2005/2006 erwirtschaftete die Design Bau AG einen Umsatz von 14,5 Millionen Euro und einen Jahresüberschuss von 1,2 Millionen Euro. Die Eigenkapitalquote lag bei 84,3 Prozent, und das Kurs-Gewinn-Verhältnis betrug 40,2.

Name
DESIGN Bau AG
Wertpapierkennnummer/ISIN
620833/ DE0006208333
Börsenplätze
Xetra, Frankfurt, München, Stuttgart, Düsseldorf, Berlin-Bremen
Indexzugehörigkeit
E&G DIMAX Deutscher Immobilienaktienindex
Marktsegment
Open Market (Entry Standard)
Erstnotierung
25.10.2005
Kontakt
Design Bau AG
Hamburger Chaussee 339
24113 Kiel
Internet: www.designbau-ag.de

8.14   Deutsche REIT AG

Der Name ist bei diesem Unternehmen Programm; die Deutsche REIT AG, die früher Dolerit-Basalt AG hieß, plant so schnell wie möglich eine Umwandlung in einen REIT und möchte ein renditestarkes Portfolio an Immobilien aufbauen. Hauptaktionär ist die DRB Beteiligungs GmbH & Co. KG.

Um die Umwandlung in einen REIT besser vorzubereiten, wurde eine Tochtergesellschaft für Gewerbeimmobilien mit dem Namen „Deutsche REIT 1 AG" gegründet. Ursprünglich wollte das Unternehmen sich vor allem auf den Bereich Wohnimmobilien fokussieren; aufgrund der deutschen Gesetzgebung, die Bestandswohnimmobilien, die vor 2007 errichtet wurden, vollständig ausklammert, musste das Unternehmen sich ein Standbein mit Gewerbeimmobilien aufbauen. Während das Unternehmen selbst weiter den Akzent auf Wohnimmobilien legt, soll die Tochtergesellschaft sich als künftiger REIT mit Gewerbeimmobilien befassen. Ein drittes Geschäftsfeld ist das Asset Management von Immobilienportfolien.

Der Umsatz lag 2005 bei 1,1 Millionen Euro. Es entstand ein Fehlbetrag von 53.000 Euro. Die Eigenkapitalquote betrug im Jahr 2005 99,7 Prozent.

Name
Deutsche REIT AG
Wertpapierkennnummer/ISIN
557700/ DE0005577001
Börsenplätze
Xetra, Frankfurt, München, Berlin, Düsseldorf
Indexzugehörigkeit
E&G DIMAX Deutscher Immobilienaktienindex
Marktsegment
Geregelter Markt (München, Düsseldorf), Freiverkehr (Frankfurt, Berlin)
Erstnotierung
aus der Dolerit Basalt AG hervorgegangen; Eintragung ins Handelsregister als
Deutsche REIT AG am 01.08.2006
Kontakt
Deutsche REIT
Dürener Straße 297
50935 Köln
Internet: www.deutschereit.de

8.15 Deutsche Wohnen AG

Die Deutsche Wohnen AG wurde von der Deutschen Bank gegründet und übernahm
1999 die Betriebswohnungen des ehemaligen Hoechst-Konzerns und der Heimstätte
Rheinland-Pfalz. Das Unternehmen hat sich auf das Portfoliomanagement im Immobiliensektor, die Wohnungsprivatisierung und die Wohnungsbewirtschaftung spezialisiert. Darüber hinaus verwaltet die Deutsche Wohnen AG Wohnungsbestände für
Dritte. Das Unternehmen ist im S-DAX gelistet. Für die Zukunft rechnet man aufgrund der verhaltenen Mietpreisentwicklung in den Städten mit eher stagnierenden
Gewinnen. Das Jahr 2005 war für die Deutsche Wohnen AG ein Rekordjahr, in dem
der Nettogewinn um 94 Prozent auf 31,1 Millionen Euro gestiegen ist. Jedoch kam
dieses rekordverdächtige Ergebnis durch Sondereffekte wie eine Vollkonsolidierung
des DB Immobilienfonds aufgrund der Bilanzierung nach dem europäischen Standard IFRS zustande. Zu diesem Ergebnis trug auch die Veräußerung eines Grundstücks in Frankfurt am Main bei. Das Grundstück in der Hansaallee hatte eine Fläche
von 14.000 Quadratmetern und brachte einen Buchgewinn von 4 Millionen Euro.

Bis Ende 2009 möchte die Deutsche Wohnen AG den Immobilienbestand verdoppeln. Im Jahr 2007 belief sich das Portfolio auf 21.000 Objekte. Zukäufe sind unter
anderem in Dresden, Leipzig und Erfurt geplant. Die Deutsche Wohnen AG besitzt
bereits 170 Wohnungen in ostdeutschen Städten. Aufgrund der guten Wachstums-

chancen sollen weitere 3.000 Objekte in Dresden und Leipzig erworben werden. Die Deutsche Wohnen AG prüft die Option einer Umwandlung in einen REIT. Aufgrund des hohen Wohnimmobilienbestands käme ein solcher Schritt aber erst nach einer Novellierung des Gesetzes in Frage, die eine Einbeziehung von Wohnimmobilien vorsähe. Auch die Besteuerung von Rücklagen ehemaliger gemeinnütziger Wohnungsgesellschaften müsste neu geregelt werden, um eine hohe Steuerlast auszuschließen. Daher wird die Entscheidung für einen REIT in absehbarer Zeit, solange die gesetzliche Regelung sich nicht ändert, für die Deutsche Wohnen AG keine realistische Option sein.

Im Jahr 2005 verbuchte die Deutsche Wohnen AG einen Umsatz in Höhe von 115,9 Millionen Euro. Der Jahresüberschuss belief sich auf 16 Millionen Euro. Das Kurs-Gewinn-Verhältnis erreicht die Marke von 46,83, und es wurde eine Dividende von 8,75 Euro je Aktie ausgeschüttet, was einer Dividendenrendite von 4,48 Prozent entspricht. Die Eigenkapitalquote lag 2005 bei 41,13 Prozent.

Name
Deutsche Wohnen AG
Wertpapierkennnummer/ISIN
628 330 / DE0006283302
Börsenplätze
XETRA
Frankfurt am Main, Düsseldorf, Stuttgart und Berlin-Bremen (Freiverkehr)
Luxemburger Wertpapierbörse (Amtlicher Handel)
Indexzugehörigkeit
EPRA Europe/Europe Zone, EPRA/Nareit Global, GPR 250 Europe,
BloombergWorld/World Real Estate, DIMAX, EPIX-30, EPIX-50
Marktsegment
Freiverkehr
Erstnotierung
03. November 1999
Kontakt
Deutsche Wohnen AG
Pfaffenwiese 300
65929 Frankfurt
Internet: www.deutsche-wohnen.de

8.16   DIBAG Industriebau AG

Die DIBAG Industriebau AG entstand bereits 1987. Das in München ansässige Unternehmen ist in verschiedenen Bereichen des Immobiliengeschäfts tätig. Zu den Schwerpunkttätigkeiten zählen die Projektentwicklung von Gewerbe- und Wohnimmobilien sowie die Vermietung und der Verkauf von Immobilien. Darüber befasst sich die DIBAG Industriebau AG mit der Erschließung und dem Kauf von Bauland. Der Streubesitz lag 2007 bei nur 5,38 Prozent.

Name
DIBAG Industriebau AG
Wertpapierkennnummer/ISIN
588400 / DE0005884001
Börsenplätze
Xetra
Kontakt
DIBAG Industriebau AG
Lilienthalallee 25
80939 München
Internet: www.dibag.de

8.17   DIC Asset AG

Die DIC Asset AG ist ein renditeorientiertes Immobilienunternehmen, dessen Schwerpunkt im Bereich Gewerbeimmobilien liegt; Büro- und Einzelhandelsimmobilien stehen im Zentrum des Interesses. Neben Immobilieninvestitionen konzentriert sich das Unternehmen auf die Geschäftsbereiche Portfoliostrategie und -management, Immobilienerwerb und -übernahmen (Sales and Acquisitions), das Transaktionsmanagement, die Immobilienbewirtschaftung und das Asset und Property Management. Vorrangiges Ziel ist eine Optimierung der Wertschöpfungsprozesse. Das Unternehmen verfügte 2005 über ein Immobilienvermögen in Höhe von 414 Millionen Euro. Der Umsatz belief sich im Jahr 2005 auf 43,1 Millionen Euro und der Jahresüberschuss auf 6,4 Millionen Euro. Es wurde eine Dividende von 56 Cent je Aktie ausbezahlt, was einer Dividendenrendite von 3,04 Prozent entsprach. Mit einem Kurs-Gewinn-Verhältnis von 21,1 war die Aktie relativ gut bewertet. Der Gewinn pro Aktie belief sich im Jahr 2005 auf 0,87 Euro.

Im Jahr 2006 verdiente die DIC Asset AG mit 15,0 Millionen Euro mehr als doppelt soviel wie im Jahr 2005. Die Mieteinnahmen stiegen um 90 Prozent gegenüber dem Vorjahr auf 38,4 Millionen Euro im Jahr 2006. Das Unternehmen konnte sein Immobilienportfolio verdreifachen und verfügte 2006 über eine Nutzfläche von 730.000 Quadratmetern. 200 Objekte in ganz Deutschland im Wert von 1,5 Milliarden Euro wurden hinzugekauft. Der Net Asset Value lag bei 21,34 Euro je Aktie, was auf der Basis des Schlusskurses im Jahre 2006 einem Aufschlag von 40 Prozent entspricht. Das Unternehmen möchte 2007 Immobilien im Wert von rund einer Milliarde Euro kaufen. Die Funds from Operations (FFO) verdreifachten sich 2006 im Vergleich zum Vorjahr. Unter Funds from Operations versteht man das Ergebnis vor Abschreibungen und Steuern ohne Gewinne aus Verkäufen und Entwicklungsprojekten und Erträgen aus Beteiligungen.

Das Ergebnis vor Zinsen, Steuern und Abschreibungen (EBITDA) lag 2006 bei 37 Millionen Euro im Vergleich zu 18,7 Millionen Euro 2005. Der Konzernjahres-überschuss war mit 15,0 Millionen Euro mehr als doppelt so hoch wie im Jahr 2005. Das Ergebnis je Aktie lag bei 0,85 Euro. Die Aktie, die bisher im SDAX gelistet wird, gilt als Aufstiegskandidat für den MDAX.

Die DIC Asset AG plant zumindest eine Teilumwandlung in einen REIT. Es ist aber nicht vorgesehen, das Unternehmen komplett in einen REIT einzubringen, da die Beschränkung des Immobilienhandels bei REITs für die DIC Asset AG nicht akzeptabel ist.

Name
DIC Asset AG
Wertpapierkennnummer/ISIN
509 840/ DE0005098404
Börsenplätze
Frankfurt, München, Stuttgart, Berlin, Xetra
Indexzugehörigkeit
E&G DIMAX Deutscher Immobilienaktienindex
Marktsegment
Prime Standard
Erstnotierung
20.12.2005
Kontakt
DIC Asset AG
Grünhof - Eschersheimer Landstraße 223
60320 Frankfurt
Internet: www.dic-asset.de

8.18   Deutsche EuroShop AG

Unter den deutschen börsennotierten Immobiliengesellschaften ist die Deutsche EuroShop AG eine Ausnahme, denn sie investiert ausschließlich in Shopping Center.
Im Jahr 2005 war sie an 16 Einkaufszentren in Deutschland und in zahlreichen anderen Ländern (Frankreich, Italien, Österreich, Polen und Ungarn) beteiligt. Die Einkaufszentren zeichnen sich durch ihre lukrative Innenstadtlage aus. Das Investitionsvolumen erreichte 1,4 Milliarden Euro. Die Deutsche EuroShop AG wurde im Jahr
2000 gegründet und ging 2001 an die Börse. Die Aktie ist im M-DAX gelistet. Der
Umsatz erreichte 2005 72,1 Millionen Euro, und das Jahresüberschuss kletterte auf
48,7 Millionen Euro. Es wurde eine Dividende von 2 Euro je Aktie ausgeschüttet,
was einer Dividendenrendite von 4,21 Prozent entspricht. Die Eigenkapitalquote lag
bei 51 Prozent. Das Kurs-Gewinn-Verhältnis war mit 15,35 gemessen an dem Bran-
chendurchschnitt relativ niedrig.

Name
Deutsche EuroShop AG
Wertpapierkennnummer/ISIN
748020, DE0007480204
Börsenplätze
Prime Standard in Frankfurt, Xetra
Freiverkehr in Berlin-Bremen, Düsseldorf, Hamburg, Hannover, München und
Stuttgart
Indexzugehörigkeit
MDAX, EPRA, GPR 250, EPIX 30, HASPAX
Marktsegment
Prime Standard
Erstnotierung
2. Januar 2001
Kontakt
Deutsche EuroShop AG
Oderfelder Straße 23
20149 Hamburg
Internet: www.deutsche-euroshop.de

8.19   Estavis AG

Die Estavis AG ist im Immobilienhandel tätig. Sie kauft Wohn- und Geschäftshäuser sowie Gewerbeparks, bündelt diese Häuser zu Portfolien, die aus sieben bis zehn Immobilien bestehen, und veräußert sie an institutionelle Anleger. Das Unternehmen konzentriert seine Tätigkeit auf Norddeutschland, das Ruhrgebiet und Berlin. 2006 hatte die Estavis AG einen Umsatz von 136 Millionen Euro, der 2007 auf 200 Millionen Euro steigen soll. Der Konzernüberschuss belief sich auf 13,7 Millionen Euro.

Das Berliner Immobilienunternehmen Estavis ging 2007 an die Börse. Der Ausgabepreis lag mit 28 Euro am unteren Ende der Preisspanne, und am ersten Börsentag fiel der Kurs zeitweise unter den Ausgabepreis. Der Nettoerlös lag bei 55 Millionen Euro, die für den Ausbau des Immobilienportfolios genutzt werden sollen.

Ursprünglich wollte das Unternehmen, das 2006 aus der Berliner Siag-Gruppe hervorgegangen war, bereits im Oktober 2006 an die Börse gehen. Zwei Tage vor Beginn der damaligen Zeichnungsfrist wurde der Börsengang abgebrochen, da man aufgrund eines ungünstigen Umfelds nicht die gewünschte Summe erzielen konnte.

8.20   Franconofurt AG

Die Franconofurt AG erwirbt Wohnungsportfolios und Beteiligungen an Immobiliengesellschaften. Sie beschäftigt sich sowohl mit Wohn- als auch Gewerbeimmobilien. Die Franconofurt AG ist spezialisiert auf den Ankauf von Mehrfamilienhäusern oder von Erb- und Bruchanteilen an Mehrfamilienhäusern mit dem Ziel, die Wohnungen anschließend einzeln zu veräußern. Der Immobilienbestand beschränkt sich auf das Rhein-Main-Gebiet, wobei die Stadt Frankfurt im Mittelpunkt steht. Die laufenden Erträge entstehen vorrangig aus Vermietung und Verpachtung.

Der Umsatz lag im Jahre 2005 bei 6,9 Millionen Euro, und der Jahresüberschuss erreichte 0,5 Millionen Euro. Der Gewinn pro Aktie belief sich auf 24 Cent. Die Dividendenausschüttung erreichte 17 Cent, was einer Dividendenrendite von 2,39 Prozent entspricht. Die Eigenkapitalquote erreichte 47,3 Prozent.

Name
Franconofurt AG
Wertpapierkennnummer/ISIN
637262 / DE0006372626
Börsenplätze
Frankfurt (Entry Standard)
Düsseldorf, Berlin, München, Stuttgart (Freiverkehr)
Indexzugehörigkeit
E&G DIMAX Deutscher Immobilienaktienindex
Marktsegment
Entry Standard
Erstnotierung
21.06.2005
Kontakt
Franconofurt AG
Am Salzhaus 6
60311 Frankfurt
Internet: www.franconofurt.de

8.21   GAG Immobilien AG

Die GAG Immobilien AG, die früher Gemeinnützige AG für Wohnungsbau Köln hieß, hat ihr Hauptgeschäftsgeld im Bereich der Wohnimmobilien. Sie konzipiert, baut und veräußert Eigentumswohnungen und Einfamilienhäuser im Großraum Köln. Wichtiges Unternehmensziel ist die Bereitstellung von günstigem Wohnraum. Der Streubesitz belief sich im Jahre 2007 auf nur 9,51 Prozent.

Name
GAG Immobilien AG
Wertpapierkennnummer/ISIN
586353/ DE0005863534
Börsenplätze
Frankfurt am Main
Kontakt
GAG Immobilien AG
Josef-Lammerting-Allee 22-22
50933 Köln
Internet: www.gag-koeln.de

8.22   Gagfah S.A.

Die Gagfah ist eine in Luxemburg ansässige Aktiengesellschaft, die 2006 an die Bör-
se ging und überwiegend in Deutschland in Immobilien investiert. Die Abkürzung
S.A. steht für die französische Bezeichnung Société Anonyme (Aktiengesellschaft).
Zu ihr gehören mehr als 159.000 Wohneinheiten. Die Gagfah gilt als einer der größ-
ten privaten Vermieter in Deutschland. Das Unternehmen besteht aus verschiedenen
Teilkonzernen, nämlich der Gagfah selbst, Nileg, der Woba Dresden und dem Be-
reich Acquisition. Mit einer Marktkapitalisierung von 5,42 Milliarden Euro zählt die
Gagfah zu den Schwergewichten unter den Immobilienunternehmen. 2005 lag der
Jahresfehlbetrag bei 252,8 Millionen Euro. Die Eigenkapitalquote wurde mit 25,7
Prozent angegeben.

Name
Gagfah S.A.
Wertpapierkennnnummer/ISIN
A0LBDT / LU0269583422
Börsenplätze
XETRA, Frankfurt, Stuttgart, Hamburg, Düsseldorf, Berlin-Bremen, München
Indexzugehörigkeit
MDAX, E&G DIMAX Deutscher Immobilienaktienindex, GPR 250 Index
Marktsegment
Prime Standard (Amtlicher Markt)
Erstnotierung
19.10.2006
Kontakt
Gagfah S.A.
14a, rue des Bains
L-1212 Luxemburg
Großherzogtum Luxemburg
Internet: http://www.gagfah.com

8.23   GBWAG Bayerische Wohnungs-AG

Die GBWAG Bayerische Wohnungs-AG ist, wie der Name bereits andeutet, ausschließlich in Bayern tätig und konzentriert sich auf die Konzeption, Planung und
Realisierung von Wohnimmobilien. Seit der Gründung im Jahre 1936 hat das Unternehmen zirka 25.000 Wohnungen, Häuser und Gewerbeimmobilien errichtet und

gehört zu den größten Wohnungsunternehmen im Freistaat Bayern. 25 Prozent der Anteile befinden sich im Streubesitz.

Name
GBWAG Bayerische Wohnungs-AG
Wertpapierkennnummer/ISIN
586320 / DE0005863203
Börsenplätze
Stuttgart
Kontakt
GBWAG Bayerische Wohnungs-Aktiengesellschaft
Dom-Pedro-Straße 19
80637 München
Internet: www.gbwag.de

8.24   Grundstücks- und Baugesellschaft AG

Die Grundstücks- und Baugesellschaft AG bewirtschaftet rund 11.000 Wohnungen in ganz Deutschland. Sie ist auch in der Projektentwicklung und der Wohnungsverwaltung tätig. Zu den Nebentätigkeiten gehören Maklerdienstleistungen und die Gartenpflege. Darüber hinaus besitzt das Unternehmen mehrere Gewerbeimmobilien am Standort Heidenheim.

2005 führte das Unternehmen ein Aktienrückkaufprogramm durch, bei dem mehr als 650.000 Aktien zurückgekauft wurden. Die Streubesitzquote (Free Float) konnte auf 17,5 Prozent erhöht werden. 2004 betrug der Umsatz 48,1 Millionen Euro. Der Jahresüberschuss erreichte 14,1 Millionen Euro. Je Aktie wurde eine Dividende von 35 Cent ausgeschüttet (Dividendenrendite: 1,45%). Die Eigenkapitalquote belief sich 2004 auf 46,4 Prozent, und das Kurs-Gewinn-Verhältnis lag mit 13,25 relativ günstig und deutet auf eine interessante Bewertung der Aktie hin.

Name
Grundstücks- und Baugesellschaft AG
Wertpapierkennnummer/ISIN
586630 / DE0005866305
Börsenplätze
XETRA, Stuttgart, Frankfurt, Hamburg, Berlin-Bremen
Indexzugehörigkeit
E&G DIMAX Deutscher Immobilienaktienindex
Marktsegment
Geregelter Markt
Kontakt
GBH AG
Am Wedelgraben 4
89522 Heidenheim
Internet: www.gbh-ag.de

8.25   GWB Immobilien AG

Die GWB Immobilien AG, die in der Nähe von Hamburg in Siek residiert, zählt zu ihren Hauptgeschäftsfeldern die Entwicklung, den Bau, die Vermietung und Vermarktung sowie die Verwaltung von Einkaufs- und Fachmarktzentren. Das Unternehmen ist vor allem in mittelgroßen Städten und den Vorstädten von Ballungszentren und Metropolen vertreten.   Es verfügt über das nötige Know-how zur Bewirtschaftung und Projektierung von großflächigen Einzelhandelsobjekten, die mehr als 1.200 Quadratmeter umfassen. Das Unternehmen wurde 1992 gegründet und hat inzwischen 40 Immobilienprojekte abgewickelt. Die GWB Immobilien ging Ende 2006 an die Börse. Der Umsatz erreichte 2005 die Marke von 13,8 Millionen Euro. Das Geschäftsjahr endete 2005 mit einem Jahresüberschuss von 700.000 Euro. Das Eigenkapital wurde auf 1,7 Millionen Euro beziffert, was einer Eigenkapitalquote von 7 Prozent entspricht. Der Gewinn pro Aktie betrug 34 Cent.

Name
GWB Immobilien AG
Wertpapierkennnummer/ISIN
A0JKHG / DE000A0JKHG0
Börsenplätze
XETRA, Frankfurt, Stuttgart, Hamburg, Düsseldorf
Indexzugehörigkeit
Prime Financial Services, Industrygroup Real Estate
Marktsegment
Prime Standard (Geregelter Markt)
Erstnotierung
04.10.2006
Kontakt
GWB Immobilien AG
Hauptstraße 1 a
22962 Siek
Internet: http://www.gwb-immobilien.com

8.26 Hahn Immobilien AG

In den ersten 20 Jahren ihres Bestehens widmete sich die Hahn Immobilien AG vorwiegend wohlhabenden Privatanlegern. Aufgrund der seit 2004 bestehenden Kooperation mit der Tochtergesellschaft der Münchener Rück AG und der britischen Capital & Regional konzentriert sich die Hahn Immobilien AG zunehmend auf das breit angelegte Immobiliengeschäft und entsprechende Dienstleistungen. Im Jahr 2007 soll es eine Dividende von 25 Cent je Aktie geben.

8.27 Hamborner AG

Die bereits 1953 gegründete Hamborner AG konzentriert sich auf den Bereich der Gewerbeimmobilien, wobei sie Einzelhandelsflächen, Büroimmobilien, Praxen und Logistikzentren betreibt. Auch Produktionsflächen für Industrieunternehmen und Wohnungen in deutschen Großstädten sind im Portfolio vertreten. Sie ist seit den 1970er Jahren ausschließlich als Immobilienunternehmen tätig und hat ihren Sitz in Duisburg.

Zusammen mit der Tochtergesellschaft Hambornberg Immobilien- und Verwaltungs-GmbH verfügt die Hamborner AG über zirka 4,6 Millionen Quadratmeter unbebaute Grundstücksfläche in Duisburg und Umgebung und 53 Objekte. Im Jahr 2005 ergab sich ein Umsatz von 13,7 Millionen Euro und ein Jahresüberschuss in Höhe von 6,5

Millionen Euro. Die Eigenkapitalquote liegt bei 75,6 Prozent und die Dividenden-rendite bei 2,99 Prozent, was einen Betrag von 90 Cent je Aktie ausmachte.

Das Unternehmen erzielte im Jahr 2006 ein Ergebnis vor Zinsen, Steuern und Ab-schreibungen (EBITDA) in Höhe von 16,4 Millionen Euro. Der Konzernjahres-überschuss lag mit 11,3 Millionen Euro mehr als 70 Prozent über dem Wert des Jah-res 2005. Der Mehrheitsaktionär HSH N Real Estate möchte das Portfolio der Gesellschaft von 170 Mio. Euro im Jahre 2006 auf 500 bis 600 Millionen Euro aus-weiten. Es ist zudem geplant, das Unternehmen in einen REIT umzuwandeln.

Name
Hamborner AG
Wertpapierkennnummer/ISIN
601300 / DE0006013006
Börsenplätze
Frankfurt am Main, Düsseldorf, Berlin-Bremen, München und Hamburg
(Amtlicher Handel)
Stuttgart (Geregelter Markt)
Hannover (Freiverkehr)
Indexzugehörigkeit
DIMAX Deutscher Immobilienaktienindex
EPIX Europäischer Immobilien-Aktienindex
(Bankhaus Ellwanger & Geiger)
Marktsegment
General Standard
Erstnotierung
1953
Kontakt
Hamborner Aktiengesellschaft
Goethestraße 45
47166 Duisburg
Internet: www.hamborner.de

8.28   IFM Immobilien AG

Die IFM Immobilien AG ist auf das Management und die Projektentwicklung von Gewerbeimmobilien fokussiert, die sich durch ein ausgewogenes Chancen-Risiko-Profil auszeichnen und eine erstklassige Lage besitzen. Ein überdurchschnittliches Entwicklungs- und Wertsteigerungspotenzial ist Grundvoraussetzung für den Erwerb solcher Objekte. Zur Kernkompetenz der IFM Immobilien AG zählt die Neupositionierung der Immobilien durch zielgruppenspezifische Marketingstrategien und durch die Revitalisierung der Objekte. Der Verkehrswert des Immobilienbestandes betrug Ende 2006 mehr als 100 Millionen Euro.

Name
IFM Immobilien AG
Wertpapierkennnummer/ISIN
A0JDU9 / DE000A0JDU97
Börsenplätze
Frankfurt am Main
Indexzugehörigkeit
Entry Standard Kursindex
Marktsegment
Entry Standard
Kontakt
IFM Immobilien AG
Karl-Ludwig-Str. 2
69117 Heidelberg
Internet: www.ifm.ag

8.29   IMW Immobilien AG

Die IMW Immobilien AG hat drei Geschäftsbereiche: den Immobilienerwerb, das Management des Immobilienbestandes und die Konzeption und Betreuung von Immobilienfonds. Zu den Dienstleistungen, die durch die IMW Immobilien AG vermittelt werden, zählen neben dem Facility Management, der Finanzierungsberatung, dem Forderungsmanagement und der Mietbuchhaltung auch die Erstellung von Expertisen und Immobiliengutachten sowie Versicherungsberatung und ein Vermietungsservice.

Name
IMW Immobilien AG
Wertpapierkennnummer/ISIN
A0BVWY / DE000A0BVWY6
Börsenplätze
Xetra
Indexzugehörigkeit
CDAX
Kontakt
IMW Immobilien AG
Stresemannstraße 74
10963 Berlin
Internet: www.imw-ag.de

8.30   InCity Immobilien AG

Das in Köln ansässige Immobilienunternehmen konzentriert sich auf den Handel mit Luxuswohnungen in Innenstadtlage. Unternehmensphilosophie ist es, eine Zielgruppe von wohlhabenden Kunden zu erreichen, für die Luxus Hauptmotiv für den Immobilienerwerb ist. Neben Köln und Bonn hat das Unternehmen seinen Schwerpunkt in den Regionen Berlin, Weimar und Erfurt.

Die InCity Immobilien AG ging 2007 an die Börse mit einer Notierung im Entry Standard der Frankfurter Wertpapierbörse. Der Emissionspreis lag bei 9,25 Euro, und es wurden 550.000 Aktien angeboten. Aus der Kapitalerhöhung flossen 4,6 Millionen Euro dem Unternehmen zu. Den Emissionserlös wird die InCity AG in Wohnimmobilien investieren mit einem geplanten Volumen von mehr als 140 Millionen Euro.

Die InCity-Gruppe erzielte 2006 einen Umsatz von 34,1 Millionen Euro und einen Jahresüberschuss von 2,1 Millionen Euro, der sich im Vergleich zum Vorjahr mehr als verdoppelte. Ende 2006 verfügte das Unternehmen über Immobilienprojekte im Wert von zirka 57,7 Millionen Euro.

Name
InCity Immobilien AG
Wertpapierkennnummer/ISIN
A0HNF9 / DE000A0HNF96
Börsenplätze
Xetra, Frankfurt am Main
Kontakt
InCity Immobilien AG
Gilbachstr. 29a
50672 Köln
Internet: www.incity.ag

8.31   IVG Immobilien AG

Die IVG Immobilien AG ist in den Bereichen Portfoliomanagement, Projektentwicklung und Fonds tätig. Das Immobilienvermögen beläuft sich auf 16 Milliarden Euro. Im Mittelpunkt stehen Büro- und Logistikunternehmen sowie weitläufige Businessparks in Deutschland und in Europa. Wichtige Metropolen sind dabei Brüssel, Paris und London. Die IVG betreibt zudem unterirdische Lagerstätten für Erdöl und Erdgas, so genannte Kavernen, deren Wert auf 633 Millionen Euro beziffert wird. 65 weitere Kavernen im Wert von 546 Millionen Euro sollen hinzukommen.

Die IVG Immobilien AG beschäftigt 930 Mitarbeiter, und der Net Asset Value betrug 2006 mehr als 2,7 Milliarden Euro. Das Unternehmen erwirtschaftete im Jahre 2005 einen Umsatz von 426 Millionen Euro und erzielte einen Jahresüberschuss in Höhe von 110,1 Millionen Euro. 2006 stieg der Nettogewinn um 35 Prozent auf 149 Millionen Euro. Die Eigenkapitalquote erreichte den Wert 42,1 Prozent, und der Gewinn pro Aktie lag bei 83 Cent. Es wurde eine Dividende in Höhe von 38 Cent je Aktie ausgeschüttet, was einer Dividendenrendite von 1,83 Prozent entsprach. Das Kurs-Gewinn-Verhältnis lag im Jahre 2005 bei 21,3.

Auch die IVG Immobilien AG plant eine partielle Umwandlung in einen Real Estate Investment Trust. Ausgeschlossen ist jedoch die gesamte Umwandlung des Unternehmens, da ein REIT-Status die Beschränkung von Nebentätigkeiten auf 20 Prozent des Anlagevermögens mit sich brächte. Dadurch müsste die Aktiengesellschaft beispielsweise die lukrative Auflage von Immobilien-Spezialfonds einstellen. Angesichts der ohnehin niedrigen Steuerquote, die 2006 bei 10,5 Prozent lag und aus Verlustvorträgen resultiert, ist die Umwandlung des gesamten Unternehmens in einen REIT nicht sinnvoll. Vorgesehen ist daher vielmehr, ein Portfolio deutscher Büroimmobilien im Wert von 1,5 Milliarden Euro in einen REIT einzubringen.

Name
IVG Immobilien AG
Wertpapierkennnummer/ISIN
620 570 / DE0006205701
Börsenplätze
Frankfurt, Düsseldorf, Berlin, München (Amtlicher Handel)
Indexzugehörigkeit
MDAX, E&G DIMAX Deutscher Immobilienaktienindex, EuroStoxx, EPRA
Index (European Public Real Estate Association), EPRA/NAREIT Index,
E&G EPIX European Property Stock Index, Salomon Smith Barney World Equity
Index Property, GPR 15 Europe / GPR General
Marktsegment
Prime Standard
Erstnotierung
1986
Kontakt
IVG Immobilien AG
Zanderstraße 5/7
53177 Bonn
Internet: www.ivg.de

8.32   IVG Deutschland Immobilien AG

Die IVG Deutschland Immobilien AG konzentriert sich auf ein aktives Portfoliomanagement und strebt Renditen an, die über den Vermietungserträgen liegen. Umgesetzt wird dabei eine Buy-and-sell-Strategie.

Der Umsatz im Jahre 2005 belief sich auf 23 Millionen Euro und der Jahresüberschuss auf 7,9 Millionen Euro. Es wurde eine Dividende von 25 Cent je Aktie ausgeschüttet, was einer Dividendenrendite von 3,0 Prozent entsprach. Das Kurs-Gewinn-Verhältnis lag bei 15,6 und die Eigenkapitalquote bei 31,5 Prozent.

Name
Stodiek Europa Immobilien AG
Wertpapierkennnummer/ISIN
727600/ DE0007276008
Börsenplätze
Xetra, Frankfurt, Düsseldorf, Berlin
Indexzugehörigkeit
E&G DIMAX Deutscher Immobilienaktienindex, C-Dax
Marktsegment
Amtlicher Handel, Freiverkehr
Erstnotierung
23.09.2002
Kontakt
IVG Deutschland Immobilien AG
Zanderstrasse 5/7
53177 Bonn
Internet: www.stodiek.com

8.33   Nymphenburg Immobilien AG

Die Nymphenburg Immobilen AG ist im Immobiliengeschäft in München tätig und vermietet und verpachtet Immobilien. 2005 verfügte das Unternehmen über eine Gesamtfläche von 37.659 Quadratmetern, von denen 94 Prozent in München lagen. 93 Prozent des Umsatzes entfielen auf die Geschäftsbereiche Vermietung und Verpachtung. Der Gewinn je Aktie lag 2005 bei 0,64 Euro.

Name
Nymphenburg Immobilien AG
Wertpapierkennnummer/ISIN
649510 / DE0006495104
Börsenplätze
Stuttgart
Kontakt
Nymphenburg Immobilien AG
Promenadenplatz 12
80333 München

8.34   Patrizia Immobilien AG

Die Patrizia Immobilien AG ist eine Management-Holding und die Dachorganisation der Unternehmensgruppe. Sieben spezialisierte Tochtergesellschaften sind für verschiedene Bereiche zuständig, die von Investments bis zu immobilienbezogenen Dienstleistungen reichen. Schwerpunkt der Investitionstätigkeit ist Deutschland und der Sektor der Wohnraumprivatisierung.

Die **Patrizia Immobilien AG** ist bereits seit zwei Jahrzehnten als Investor und Dienstleister in der Immobilienwirtschaft aktiv. Das Kerngeschäft der **Patrizia AG** ist das Investment in wohnungswirtschaftlich genutzte Immobilien. Darüber hinaus berät das Unternehmen Kunden in allen Fragen des Immobilienerwerbs und führt eine Portfolioanalyse und Due Diligence bei größeren Immobilienbeständen, Bestandsgesellschaften und Beteiligungen durch. Die Dienstleistungen umfassen auch Bereiche wie Marktforschung und die Strategieentwicklung beim Ankauf von Immobilienbeständen. Das Spektrum der Services reicht vom Asset Management über den Vertrieb bis zum Immobilienmanagement.

Die Geschäftstätigkeit der **Patrizia Advisory & Sales GmbH** konzentriert sich auf die Platzierung von Einzelimmobilien, wie zum Beispiel kompletten Wohn- und Geschäftshäusern, Baugrundstücken, gesamten Wohnanlagen und immobilienbestandshaltenden Objektgesellschaften.

Die Geschäftstätigkeit der **Patrizia Asset Management GmbH** umfasst das wertorientierte Management von Immobilien und Gesamtportfolien zur Erzielung einer möglichst hohen Performance. Eine sozialverträgliche Wohnungsprivatisierung steht im Mittelpunkt. Zu den wichtigsten Aufgaben der **PATRIZIA Bautechnik GmbH** gehört die Kontrolle und Koordinierung von Baumaßnahmen. Die Beratung setzt bereits bei der Marktforschung und Planung ein.

Die **Patrizia Immobilienmanagement GmbH** ist auf das Management von Wohn- und Gewerbeimmobilien aller Größenordnungen fokussiert. Die Leistungen reichen von der klassischen Hausverwaltung bis hin zum gewerblichen Immobilienmanagement (Center-Management, Facility Management). Zielsetzung des Property Managements ist die Optimierung der durch Immobilien erreichbaren Performance, die Steigerung der Rendite, die Sicherung der Mieterträge und die Senkung der Bewirtschaftungskosten.

Zu den wichtigsten Leistungen zählen die Beratung und Vertretung von Vermietern und Mietern, die Vermietung von Wohnungs- und Gewerbeflächen, die Flächenoptimierung, die Bedarfs- und Optimierungsplanung sowie Verwaltungsaufgaben aus den verschiedensten Bereichen (beispielsweise technisches Objektmanagement, kaufmännische Verwaltung).

Die gewerbliche und wohnungswirtschaftliche Projektentwicklung ist das Ressort der **Patrizia Projektentwicklung GmbH**. Ihre Dienstleistungen reichen von der Konzeption über die Realisierung bis zur Nutzerakquisition im Bereich von Büro-, Einzelhandels-, Logistik- und Hotellerieimmobilien.

Die Patrizia AG erwirbt größere Wohnungsbestände, die häufig von Versicherungen stammen, und verkauft die Objekte an Mieter und Kapitalanleger weiter. Die Aktie ist im MDAX gelistet. 2005 betrug der Umsatz 99,5 Millionen Euro. Der Jahresüberschuss erreichte 16,6 Millionen Euro und die Eigenkapitalquote 18,5 Prozent. Es wurde eine Dividende von 1,60 Euro ausgeschüttet. Der Gewinn je Aktie lag bei 3,31 Euro.

2007 schloss die Patrizia Immobilien AG ein Joint Venture mit einem dänischen und einem niederländischen Pensionsfonds, um ein Portfolio deutscher Gewerbeimmobilien aufzubauen. Das Gesamtinvestitionsvolumen soll bei 700 Millionen Euro liegen. Die Patrizia AG wird für das Portfolio den Ankauf und das Asset Management übernehmen und sich darüber hinaus an der Investition beteiligen.

Name
Patrizia Immobilien AG
Wertpapierkennnummer/ISIN
PAT1AG /DE000PAT1AG3
Marktsegment
Prime Standard
Erstnotierung
31.3.2006
Kontakt
Patrizia Bürohaus
Fuggerstraße 26
86150 Augsburg
Internet: www.patrizia.ag

8.35   Polis Immobilien AG

Die Polis Immobilien AG ist ein Immobilienunternehmen, das sich auf die aktive Bestandshaltung im Bereich von Büroimmobilien konzentriert, die über Objektgesellschaften erworben werden. Zu den weiteren Aufgaben gehören die Modernisierung und Bewirtschaftung dieser Büroimmobilien, deren Größe im Durchschnitt zwischen 2.500 und 8.000 Quadratmetern liegt. Das Investitionsvolumen beläuft sich je Objekt auf 5 bis 20 Millionen Euro. Das Unternehmen ist auf ein mittleres Rendite-Risiko-Profil ausgerichtet, das durch eine Multi-Tenant-Strategie realisiert wird.

Bei dieser Strategie werden Büroimmobilien aus Gründen der Risikostreuung und der Ertragsoptimierung an verschiedene Vertragspartner vermietet. Die Polis Immobilien AG ging 2007 an die Börse.

Die Eigenkapitalquote lag 2006 bei 49,35 Prozent und der Gewinn je Aktie bei 0,09 Euro.

Name
Polis Immobilien AG
Wertpapierkennnummer/ISIN
691330 / DE0006913304
Börsenplätze
Frankfurt am Main
Indexzugehörigkeit
CDAX, Classic All Share, Prime All Share
Marktsegment
Prime Standard
Erstnotierung
2007
Kontakt
POLIS Immobilien AG
Potsdamer Straße 58
10785 Berlin
Internet: www.polisag.de

8.36   Rathgeber AG

Die Rathgeber AG ist eher ein ausgeprägter Small Cap unter den Immobilienwerten, denn das Unternehmen verwaltet und betreibt fast ausschließlich Gebäude und Produktionsstandorte, die an die Franz Xaver Meiller Fahrzeug- und Maschinenfabrik GmbH & Co KG vermietet werden. Das Unternehmen verfügt über keinen Streubesitz, da es sich zu nahzu 100 Prozent im Eigentum der F. X. Meiller Gründstücksverwaltung GmbH & Co. KG befindet.

Name
Rathgeber AG
Wertpapierkennnummer/ISIN
700300/ DE0007003006
Börsenplätze
München
Kontakt
Rathgeber AG
Untermenzinger Str. 1
80997 München
Internet: www.rathgeber-ag.de

8.37   Schlossgartenbau AG

Die Schlossgartenbau AG, die bereits 1921 gegründet wurde, ist im Bereich der Verwaltung und Vermietung von Gewerbeimmobilien tätig. Die gesamte Fläche beträgt fast 13.000 Quadratmeter. Das Unternehmen hat keine eigenen Mitarbeiter, da ein Geschäftsbesorgungsvertrag mit dem Beteiligungsunternehmen LEG Geschäftsbauten GmbH besteht, das für die Verwaltung zuständig ist. Das Herzstück ist der Schlossgartenbau in der Stuttgarter City.

Im Jahr 2004 erzielte das Unternehmen einen Umsatz von 5,5 Millionen Euro. Die Eigenkapitalquote belief sich auf 53,69 Prozent. Es wurde eine Dividende von 20,04 Euro ausgeschüttet, was einer Dividendenrendite von 4,09 Prozent entsprach.

Name
Schlossgartenbau AG
Wertpapierkennnummer/ISIN
730600 / DE0007306003
Börsenplätze
Stuttgart (Geregelter Markt)
Berlin-Bremen und Hamburg (Freiverkehr)
Indexzugehörigkeit
E&G DIMAX Deutscher Immobilienaktienindex
Marktsegment
General Standard
Erstnotierung
1921
Kontakt
Schlossgartenbau AG
Katharinenstraße 20
70182 Stuttgart
Internet: www.bahnhofplatzgesellschaften.de

8.38   Sinner AG

Die in Karlsruhe ansässige Sinner AG hat ihr Hauptgeschäftsfeld im Bereich der
Vermietung eigener Immobilien. Die wichtigsten Kunden sind Industrieunternehmen
sowie Handels- und Dienstleistungsunternehmen. Im Jahr 2007 befanden sich 15,1
Prozent der Anteile im Streubesitz.

Name
Sinner AG
Wertpapierkennnummer/ISIN
724100/ DE0007241002
Börsenplätze
Xetra
Indexzugehörigkeit
CDAX
Kontakt
Sinner AG
Durmersheimer Str.59
76185 Karlsruhe
Internet: www.sinnerag.de

8.39   Stilwerk Real Estate AG

Die Stilwerk Real Estate AG ist seit 2005 nach einer Neuausrichtung als Immobiliengesellschaft aktiv. Schwerpunkttätigkeit ist das Management von Gewerbeimmobilien in Ballungszentren. Im Jahre 2007 waren nur 5,12 Prozent der Aktien im Streubesitz. Hauptanteilseigner ist die Garbe Holding AG & Co. KG.

Name
Stilwerk Real Estate AG
Wertpapierkennnummer/ISIN
605500 / DE0006055007
Börsenplätze
Xetra
Kontakt
Stilwerk Real Estate AG
Valentinskamp 18
20354 Hamburg
Internet: www.stilwerk-real-estate.com

8.40   TAG Tegernsee Immobilien- und Beteiligungs-AG

Die TAG Tegernsee Immobilien- und Beteiligungs-AG ist als Holding auf dem Wohnungsmarkt aktiv. Zum Spektrum der Geschäftstätigkeit gehören die Beteiligung an Unternehmen, aber auch die Immobilienverwaltung und der Handel mit

Immobilien. 2005 erreichte der Umsatz 153,6 Millionen Euro. Es entstand ein Jahresfehlbetrag in Höhe von 35,5 Millionen Euro. Die Eigenkapitalquote lag bei 19,07
Prozent. 2006 schrieb das Unternehmen wieder schwarze Zahlen und erreichte einen
Konzerngewinn von 2,8 Millionen Euro. Das Immobilienvermögen wuchs 2006
durch Zukäufe auf 516 Millionen Euro. Der Net Asset Value lag Ende 2006 bei 11
Euro je Aktie, was gemessen am Schlusskurs des entsprechenden Jahres einen Ab-
schlag bedeutete.

Das Unternehmen möchte das Gewerbeimmobilienportfolio von rund 160 Millionen
Euro auf 300 Millionen Euro erweitern. Dieses Portfolio soll bereits Ende 2007 in
einen REIT eingebracht werden.

Eine Gesamtumwandlung der TAG Tegernsee Immobilien- und Beteiligungs-AG
kommt nicht in Frage, da sie über die ebenfalls börsennotierte Tochter Bau-Verein zu
Hamburg AG auch im Wohnimmobiliensektor tätig ist, was nach dem REIT-Gesetz
ausgeschlossen ist.

Name
TAG Tegernsee AG
Wertpapierkennnummer/ISIN
830350 / DE0008303504
Börsenplätze
München, Frankfurt
Indexzugehörigkeit
DIMAX, EPIX-30/50, HASPAX, GPR, General Index
Marktsegment
Amtlicher Markt, Prime Standard
Erstnotierung
14.12.2000
Kontakt
TAG Tegernsee Immobilien- und Beteiligungs-AG
Steckelhörn 9
20457 Hamburg
Internet: www.tag-ag.com

8.41   VIB Vermögen AG

Die VIB Vermögen AG ist eine mittelständische Immobilienholding, die sich auf
Gewerbeimmobilien in Süddeutschland spezialisiert hat. Das 1993 als Personengesellschaft gegründete Unternehmen wandelte sich im Jahr 2000 in eine Aktiengesell-

schaft um. Zu den Kernkompetenzen zählen der Immobilienerwerb und die Verwaltung sowie die Beteiligung an Gesellschaften im Immobiliensektor.

Der regionale Fokus der Investitionen liegt in Ingolstadt, Neuburg und Regensburg; das Unternehmen gilt damit als ein Nischenplayer, der sich auf wachstumsstarke Regionen in Bayern konzentriert. Als Investitionskriterien gelten ein Volumen bis zu 40 Millionen Euro, eine hohe Mieterbonität, eine Mietrendite von mindestens 8 Prozent, die Nachhaltigkeit der Lage der Immobilie und Drittverwendungsmöglichkeiten durch eine Umnutzung der Immobilie.

Zum Immobilienbestand zählen 30 verschiedene Immobilien. Wichtige Objekte sind eine Industrieanlage und ein großer Industriepark in Neuburg an der Donau, ein Gewerbepark in Günzburg und das Donau City Center in Ingolstadt. Darüber hinaus besitzt das Unternehmen Immobilien und ein Einzelhandels- und Dienstleistungszentrum im bayerischen Memmingen. Die Gesamtfläche betrug Ende 2006 mehr als 300.000 Quadratmeter; davon waren 2007 mehr als 244.000 Quadratmeter vermietbar.

Das Unternehmen wurde 2000 in eine Aktiengesellschaft umgewandelt und ist im Jahre 2005 an die Börse gegangen. Durch die Ausgabe von 5 Millionen neuen Aktien zu einem Kurs von 6,00 Euro erhielt das Unternehmen 30 Millionen Euro. Im Jahr 2005 belief sich der Umsatz auf 7,932 Millionen Euro bei einem Jahresüberschuss von 1,806 Millionen Euro. Die Eigenkapitalquote lag bei 42,8 Prozent. Im Jahre 2006 stiegen die betrieblichen Nettoerträge auf 20,4 Millionen Euro. Wenn man den Sondereffekt durch die Übernahme einer Aktiengesellschaft herausrechnet, beliefen sich die Nettoerträge auf 12,53 Millionen Euro. Das Ergebnis vor Zinsen und Steuern (EBIT) erhöhte sich im Jahre 2006 auf 13,16 Millionen Euro. Der Net Asset Value stieg auf 10,16 Euro je Aktie.

Name

VIB Vermögen AG

Wertpapierkennnummer/ISIN

245751 / DE0002457512

Börsenplätze

XETRA, Frankfurt, München

Indexzugehörigkeit

E&G DIMAX Deutscher Immobilienaktienindex

Erstnotierung

28.11.2005

Kontakt

VIB Vermögen AG

Luitpoldstraße C 70

86633 Neuburg an der Donau

Internet: www.vib-ag.de

8.42   Vivacon AG

Die in Köln ansässige Vivacon AG hat vier verschiedene strategische Geschäftsfelder: das Asset Management von Wohnimmobilien, den Portfoliohandel mit Wohnimmobilien, den Einzelhandel mit Wohnimmobilien und den Einzelhandel mit Designerwohnungen.

Im Bereich des Asset Managements von Wohnimmobilien ist die Vivacon AG der Managing Partner international agierender Großinvestoren im Wohnimmobilienbereich. Sie ist für technische und wirtschaftliche Expertisen in Bezug auf Auswahl, Due Diligence, Finanzierung, Modernisierung und Privatisierung zuständig.

Im Bereich des Portfoliomanagements von Wohnimmobilien ermöglicht Vivacon Investoren, höher rentierliche Wohnungsprivatisierungsportfolios zu übernehmen. Das Unternehmen entwickelt auch Exitstrategien für Eigentümer und bietet Zusatzdienstleistungen an, die das gesamte Spektrum des Asset Managements umfassen.

Im Geschäftsfeld des Einzelhandels von Wohnimmobilien kauft und modernisiert Vivacon Wohnungen, die anschließend im Erbbaurecht veräußert werden.

Ein weiteres Geschäftsfeld der Vivacon AG ist der Einzelhandel mit Designerwohnungen. Zu diesem Zweck gründete das Unternehmen eine Tochtergesellschaft, die YOO Deutschland GmbH, die in Zusammenarbeit mit dem französischen Designer Philippe Starck exklusiven Wohnraum in deutschen Metropolen entwirft.

Eine Besonderheit und gleichsam ein Markenzeichen der Vivacon AG ist die Konzentration auf das Erbbaurecht. Dieses ungewöhnliche Modell hat sowohl für das

Unternehmen als auch für private und institutionelle Anleger erhebliche Vorteile. Häuser und Wohnungen werden beim Erbbaurecht von Grund und Boden getrennt. So entfällt bei deren Kauf oder Verkauf der Erwerb des Grundstücks, das in manchen Regionen sogar teurer sein kann als das eigentliche Gebäude. Der Käufer zahlt nur Erbbauzinsen für die Nutzung des Grundstücks, die unterhalb der langfristigen Hypothekenzinsen liegen. Das Objekt wird dadurch wesentlich günstiger und auch für Interessenten mit durchschnittlichem Einkommen erschwinglich. Das Wohneigentum ist jederzeit vererbbar und übertragbar.

Auch für institutionelle Investoren lohnt sich das Erbbaurechtsmodell. Der vorteilhafte Einstandspreis, der entsteht, da man das Grundstück nicht kaufen muss, führt rechnerisch zu einer höheren Abschreibungsquote, da Grundstücke im Allgemeinen nicht abgeschrieben werden dürfen. Darüber hinaus sind Erbbauzinsen im Gegensatz zu den Grundstückskosten steuerlich absetzbar. Die Vivacon AG profitiert von den kontinuierlich fließenden Erbbauzinsen der Kunden, die den Cashflow erhöhen, und von der Substanz der Grundstücke, die im Eigentum des Unternehmens verbleiben.

Anfang 2007 verfügte die Vivacon AG über 11.168 Objekte in Bayern, Berlin, Bremen, Hessen, Niedersachsen, Nordrhein-Westfalen, Schleswig-Holstein und Thüringen.

Die angebotenen Dienstleistungen sind sowohl auf Privatkunden als auch institutionelle Investoren ausgerichtet. Die Immobiliengeschäfte werden größtenteils kostengünstig über das Erbbaurecht abgewickelt. Der Umsatz im Jahre 2005 erreichte 85,3 Millionen Euro bei einem Jahresüberschuss von 24,6 Millionen Euro. Die Eigenkapitalquote lag bei 32,4 Prozent. Das Kurs-Gewinn-Verhältnis betrug 20,21. 2005 hatte das Unternehmen im Durchschnitt 38 Mitarbeiter.

Name
Vivacon AG
Wertpapierkennnummer/ISIN
604891 / DE0006048911
Börsenplätze
Frankfurt, Düsseldorf, Berlin, München, Stuttgart (Amtlicher Handel), Xetra
Indexzugehörigkeit
MDAX, CDAX, HDAX, Classic All Share, Mid Cap Market Index, Prime AllShare, DIMAX Deutscher Immobilienaktienindex
Marktsegment
Prime Standard
Erstnotierung
21.12.2001
Kontakt
Vivacon AG
Bayenthalgürtel 4
50968 Köln
Internet: www.vivacon.de

9   Fazit

Mit der Verabschiedung des REIT-Gesetzes in Deutschland, das rückwirkend zum 1. Januar 2007 in Kraft trat, gerieten viele deutsche Immobilienaktien unter Druck. Denn etliche der umfangreichen Portfolios bestehen zum Teil aus Wohnimmobilien, die – sofern sie vor 2007 erbaut wurden – nicht in einen REIT umgewandelt werden können.

Unternehmen wie die Patrizia AG, die Deutsche Wohnen und die Gagfah waren von dieser gesetzlichen Restriktion besonders betroffen. Die Aktienkurse sanken deutlich. Besonders bei der Patrizia AG entwickelte sich die Privatisierung von gekauften Wohnungen deutlich schlechter als erwartet.

Obgleich der deutsche Immobilienmarkt als unterbewertet gilt und das Mietniveau niedrig ist, konnte der Markt davon kaum profitieren. Im europäischen Vergleich war die Performance am Ende der Rangskala; die Gesamtrendite für Immobilien in Deutschland lag im Jahre 2006 bei nur 1,3 Prozent. Vor allem deutliche Wertverluste bei Büroimmobilien beeinträchtigten die Wertsteigerung. Der deutsche Immobilienmarkt befindet sich anders als der französische oder irische Markt in einer Talsohle, was für Investoren ein Einstiegssignal sein kann. Jedoch deuten die international steigenden Leitzinsen eher darauf hin, dass der Immobilienmarkt mittelfristig eine Stagnationsphase durchlaufen wird, zumal in vielen Ländern der Immobiliensektor seine Boomphase bereits hinter sich hat.

Die durch Mieteinnahmen erzielte Netto-Cashflow-Rendite belief sich in Deutschland im Jahre 2006 auf 4,6 Prozent, aber die Wertverluste der Immobilien summierten sich auf 3,1 Prozent, was zu dem schlechten Ergebnis führte. Als besonders lukrativ erwiesen sich hingegen Wohnimmobilien, die eine deutlich bessere Rendite erzielten. Die Wertveränderung betrug durchschnittlich 2,7 Prozent, und die Gesamtrendite erreichte 6,5 Prozent. An zweiter Stelle rangierten Immobilien von Handelsunternehmen, die eine durchschnittliche Rendite von 5,4 Prozent vorweisen konnten. Die Netto-Cashflow-Rendite lag bei 5,6 Prozent. Bei Büroimmobilien gab es die stärksten Verluste, was vor allem auf deutliche Wertberichtigungen zurückzuführen war.

Im europäischen Vergleich steht Irland mit einem Total Return von 28 Prozent an der Spitze der Rangskala, dicht gefolgt von Frankreich mit einem Total Return von 25 Prozent und Großbritannien mit 20 Prozent.

Wesentlich vorteilhafter verlief die Wertentwicklung bei Aktienfonds, die sich auf REITs spezialisiert haben. In den letzten drei Jahren lag die Durchschnittsrendite dieser Fonds um zirka ein Fünftel höher als die Wertsteigerungen bei Aktienfonds mit dem Anlageschwerpunkt Deutschland. Im Vergleich zum Durchschnitt der offenen Immobilienfonds erzielten REIT-Aktienfonds eine fast sechsfach höhere Wertsteigerung. In den letzten drei Jahren kamen diese Fonds auf eine durchschnittliche Jahresrendite in Höhe von 23,7 Prozent. In einem Zeitraum von drei Jahren wurden so aus 10.000 Euro zirka 18.900 Euro. Investmentfonds, die in deutsche Aktien anlegen, erbrachten im selben Zeitraum eine jährliche Rendite von durchschnittlich 19,5 Prozent.

Anleger, die sich für herkömmliche Immobilienaktien und REITs interessieren, sollten sich an folgenden Auswahlkriterien orientieren:

• Qualität des Managements und der Unternehmensstruktur
• Höhe der Dividendenrendite und potenzielle Wertsteigerung der Aktien
• Erwartetes Gewinnwachstum der Aktie
• Höhe des Net Asset Value

Ein Kurspotenzial bei Immobilienaktien ergibt sich vor allem durch steigende Mieteinnahmen, geringere Bewirtschaftungskosten und eine ausgeprägte Wertsteigerung des Immobilienbestandes. Eine hohe Gebäudeauslastung ist ebenso von Vorteil wie eine Optimierung der immobiliennahen Dienstleistungen sowie langfristige Substanzwerterhöhungen durch eine kontinuierliche Sanierung und Modernisierung. Zukunftsorientierte Immobilienakquisitionen und innovative Entwicklungsprogramme sind ebenso entscheidend wie die Ausschöpfung von Geschäftschancen und damit die Steigerung der Erträge durch optimale Finanzierungskosten.

Immobilienaktien werden auch in Zukunft für Anleger eine zentrale Bedeutung haben, zumal zahlreiche Immobilienmärkte eine besondere Dynamik aufweisen. Im Immobiliensegment werden die REITs durch eine überdurchschnittliche Performance überzeugen. Ob der deutsche Immobilienmarkt in den nächsten Jahren zu den Favoriten zählen wird, lässt sich nicht eindeutig prognostizieren. Dafür spricht die äußerst niedrige Bewertung und das im internationalen Vergleich konsolidierte Mietniveau. Durch die Einführung von REITs könnte der bislang behäbige und in seiner Wertentwicklung verhaltene deutsche Immobilienmarkt neue, wegweisende Impulse erhalten. Andererseits zeichnet sich weltweit ein deutlicher und kontinuierlicher Anstieg der Leitzinsen in den entwickelten Ländern ab, was zu einer Erhöhung der Finanzierungskosten führt. Während Irland, Großbritannien, die USA und Frankreich bereits den Zenit überschritten haben, ist der deutsche Immobilienmarkt noch ganz am Anfang des Zyklus. Die steigenden Leitzinsen könnten den sich abzeichnenden Aufschwung behindern. Erschwerend kommt hinzu, dass in den USA die Immobilienkrise auch den deutschen Markt in Mitleidenschaft ziehen könnte. Anleger sollten vor allem auf Immobilienmärkte setzen, die ein konsolidiertes Preisniveau aufweisen und sich durch eine starke Wachstumsdynamik hervortun. Vor allem die Emerging Markets bieten Investoren die Chance auf überdurchschnittliche Renditen, wenngleich hier die Risikofaktoren, die sich in solchen Ländern ergeben, niemals außer Acht gelassen werden dürfen.

Insgesamt betrachtet verfügt der Immobilienmarkt weltweit über einzigartige Chancen für Anleger und institutionelle Investoren. Denn gerade die Tatsache, dass Immobilien nicht oder nur gering mit anderen Assetklassen wie Aktien, Rohstoffen und Anleihen korrelieren, bedeutet mehr Sicherheit und eine bessere Risikostreuung bei überdurchschnittlicher Performance, wie sie REITs und herkömmliche Immobilienaktien aufweisen.

10   Serviceteil

10.1   Verbände und Organisationen

American Real Estate and Urban Economics Association
www.areurea.org

American Real Estate Society
www.aresnet.org

Association of Foreign Investors in Real Estate
www.afire.org

BFW e.V. Bundesverband Freier Immobilien- und Wohnungsunternehmen
www.bfw-bund.de
Der Bundesverband befasst sich mit der Einführung von
REITs in Deutschland.

BVI – Bundesverband Investment und Asset Management e.V.
www.bvi.de
Interessensvertretung der Investmentbranche, deren Schwerpunkt
die Vorbereitung und Begleitung gesetzlicher Regelungen ist.

Deutsches Aktieninstitut
www.dai.de

DVFA – Deutsche Vereinigung für Finanzanalyse und Asset Management
www.dvfa.de
Berufsverband mit 1.100 Mitgliedern aus Investmenthäusern, Banken und
Fondsgesellschaften

EPRA – European Public Real Estate Association
www.epra.com
Verband des europäischen Immobiliensektors

German Facility Management Association
www.gefma.de
Deutscher Verband für Facility Management

Global Property Research
www.propertyshares.com
Das Unternehmen mit Sitz in Amsterdam kreiert Indizes zur Wertentwicklung
der größten Immobilienunternehmen weltweit.

IFD – Initiative Finanzstandort Deutschland
www.finanzstandort.de
Aktionsgruppe der Finanzbranche unter Mitwirkung des
Bundesfinanzministers
und der Deutschen Bundesbank

International Real Estate Federation
www.fiabci.com

NAREIT – National Association of Real Investment-Trusts
www.nareit.com
Verband der US-amerikanischen Real Estate Investment Trusts

Real Estate Research Institute
www.reri.org

REIT Net
www.reitnet.com

U.S. REIT Informationdesk
www.usreitinfodesk.com
Website mit Informationen zu US-REITs für deutsche Anleger.
Herausgeber ist NAREIT.

REITA
www.reita.org
Website der britischen REIT-Organisation

The REIT Analyst
www.reitanalyst.com

VDP – Verband Deutscher Pfandbriefbanken
www.hypverband.de
Vertritt die Interessen seiner Mitgliedsinstitute in Wirtschafts-,
Kapitalmarkt- und Steuerpolitik

10.2   Fachmesse

Expo Real
www.exporeal.de
Internationale Fachmesse für Gewerbeimmobilien, die einmal jährlich
in München stattfindet.

10.3   Fachzeitschriften und Informationsquellen

Business Facilities Magazine
www.busfac.com/bf/

Deutsche Immobilien Zeitung
www.immobilien-zeitung.de

Estates Gazette
www.egi.co.uk

Euro Property
www.europrop.com

Europe Real Estate
www.europe-re.com

Expertise
www.expertisenews.com

Gate to Austria
www.gatetoaustria.com

Immobilien Business
www.immobilienbusiness.ch

IPE – Investment & Property Europe
www.ipeonline.com

Property NL
www.propertynl.com

Real Estate Forum
www.reforum.com

Real Estate News
www.internetreview.com

Vastgoedmarkt
www.vastgoedmarkt.nl

10.4   Forschungseinrichtungen

Berufsakademie Sachsen, Studienrichtung Immobilienwirtschaft
www.ba-leipzig.de

Europäisches Bildungszentrum der Wohnungs- und Immobilienwirtschaft
www.e-b-z.de

European Business School, Immobilienökonomischer Studiengang
www.ebs.de

Institut der deutschen Wirtschaft Köln
www.iw-koeln.de

Universität Regensburg, Institut für Immobilienwirtschaft
www-cgi.uni-regensburg.de

10.5   Behörden

Bundesanstalt für Finanzdienstleistungsaufsicht
www.bafin.de
Die Behörde beaufsichtigt unter anderem Kapitalanlagegesellschaften
wie Immobilienfonds.

Bundesministerium der Finanzen
www.bundesfinanzministerium.de

10.6   REITs in den USA

Im Folgenden erhalten Sie einige Informationen über REITs in den USA

10.6.1   Exchange Traded Funds (für REITs in den USA)

iShares Cohen & Steers Realty Majors Index Fund
iShares Dow Jones U.S. Real Estate Index Fund
streetTRACKS Wilshire REIT Index Fund
Vanguard REIT VIPERS

10.6.2   Nicht börsennotierte REITS in den USA

Apple Hospitality Five, Inc.
Apple Hospitality Two, Inc.
Apple REIT Six, Inc.
Behringer Harvard REIT I, Inc.
Boston Capital
CNL Hotels & Resorts, Inc.
CNL Income Properties, Inc.
CNL Retirement Properties, Inc.
Desert Capital REIT, Inc.
DiamondRock Hospitality Company
Dividend Capital Trust, Inc.
G REIT, Inc.
Hines REIT, Inc.
T REIT, Inc.
Wells Real Estate Investment Trust
Wells Real Estate Investment Trust II, Inc.

10.6.3   Offene Investmentfonds für US-REITS

ABN-AMRO Real Estate Fund
Advantus Real Estate Securities Fund
AIM Real Estate Fund
Alliance Bernstein Real Estate
Alpine Funds
Alpine Int'l Real Estate Equity Fund
Alpine U.S. Real Estate Equity Fund
Alpine Realty Income and Growth Fund

American Century Real Estate Investments
AssetMark Real Estate Securities
Brazos/JMIC Real Estate Securities
Brown Advisory Real Estate Fund
CDC Nvest AEW Real Estate Fund
CGM Realty Fund
Cohen & Steers
Cohen & Steers Institutional Realty Fund
Cohen & Steers International Realty Fund
Cohen & Steers Realty Focus Fund
Cohen & Steers Realty Income Fund
Cohen & Steers Realty Shares
Columbia Real Estate Securities
Davis Real Estate Funds
Delaware Funds
Delaware REIT Fund
Delaware Pooled Real Estate Investment Trust I
Delaware Pooled Real Estate Investment Trust II
Delaware REIT Institutional Fund
Deutsche Real Estate Securities
DFA Real Estate Securities
Dividend Capital Securities
Dividend Capital Realty Income Fund
EII Realty Securities Fund
Excelsior Real Estate Funds
FBR Realty Fund
Fidelity Real Estate Investment
First American Real Estate Investment Securities
Firstar Select REIT Fund
Forward Uniplan Real Estate Investment Fund
Franklin Real Estate Fund
Frank Russell Real Estate Securities
Fremont Real Estate Securities Fund
Gabelli Westwood Realty Fund
GMO REIT Fund
Goldman Sachs Real Estate Fund
Heitman Real Estate REIT Portfolio
Inland Real Estate Income and Growth Fund
ING Equity Trust Real Estate Fund
INVESCO Advisor Real Estate Opportunity Fund
John Hancock Real Estate Funds

Johnson Realty
Kensington Funds
Kensington Real Estate Securities
Kensington Strategic Realty Fund
Kensington Select Income Fund
LaSalle U.S. Real Estate Fund
Lend Lease Funds
Lend Lease U.S. Real Estate Securities Fund
Lend Lease European Real Estate Securities Fund
Mercantile Diversified Real Estate Fund
Merrill Lynch Real Estate Funds
Morgan Stanley Institutional Real Estate Fund
Munder Real Estate Equity Investment Fund
Neuberger Berman Real Estate Fund
Oppenheimer Real Estate Fund
PBGH REIT Fund
Phoenix-Duff & Phelps Real Estate Securities
Phoenix Seneca Real Estate
Pioneer Real Estate Shares
Principal Real Estate Fund
ProFunds Ultra Real Estate Ultrasector
Scudder RREEF Real Estate Securities
Security Capital Real Estate Shares
Spirit of America Investment Fund
SSGA Real Estate Equity Fund
Stratton Monthly Dividend REIT Shares
Strategic Partners Real Estate Securities
T. Rowe Price Real Estate Fund
Third Avenue Real Estate Fund
Undiscovered Managers Fund
Vanguard REIT Index Portfolio
Van Kampen Real Estate Securities Fund
Victory Real Estate Investment Fund
Wells S & P REIT Fund

10.6.4   Börsennotierte US-REITS

New York Stock Exchange

Acadia Realty Trust	AKR	Affordable Residential Communities	ARC
Agree Realty Corporation	ADC	Alexander's Inc.	ALX
Alexandria Real Estate Equities, Inc.	ARE	AMB Property Corporation	AMB
American Campus Communities, Inc.	ACC	American Financial Realty Trust	AFR
American Home Mortgage Holdings, Inc.	AHH	American Land Lease	ANL
AMLI Residential Properties Trust	AML	Annaly Mortgage Management, Inc.	NLY
Anthracite Capital, Inc.	AHR	Anworth Mortgage Asset Corporation	ANH
AIMCO	AIV	Arbor Realty Trust, Inc.	ABR
Archstone-Smith	ASN	Arden Realty, Inc.	ARI
Ashford Hospitality Trust	AHT	Associated Estates Realty Corp.	AEC
AvalonBay Communities Inc.	AVB	Bedford Property Investors	BED
BioMed Realty Trust	BMR	Boston Properties, Inc.	BXP
Boykin Lodging Company	BOY	Brandywine Realty Trust	BDN
Brookfield Properties Corporation	BPO	BRE Properties, Inc.	BRE
BRT Realty Trust	BRT	Camden Property Trust	CPT
Capital Lease Funding	LSE	Capital Trust, Inc.	CT
Capstead Mortgage Corporation	CMO	CarrAmerica Realty Corporation	CRE
CBL & Associates Properties	CBL		
Cedar Shopping Centers	CDR	CenterPoint Properties Trust	CNT
Colonial Properties Trust	CLP	Commercial Net Lease Realty	NNN
Corporate Office Properties Trust	OFC	Correctional Properties Trust	CPV
Cousins Properties, Inc.	CUZ	Crescent Real Estate Equities, Inc.	CEI

CRIIMI MAE, Inc.	CMM	CRT Properties, Inc.	CRO
Developers Diversified Realty Corporation	DDR	Digital Realty Trust, Inc.	DLR
Duke Realty Corporation	DRE	Dynex Capital, Inc.	DX
Eagle Hospitality Properties Trust	EHP	EastGroup Properties, Inc.	EGP
Education Realty Trust, Inc.	EDR	Entertainment Properties Trust	EPR
Equity Inns, Inc.	ENN	Equity Lifestyle Properties	ELS
Equity Office Properties Trust	EOP	Equity One, Inc.	EQY
Equity Residential	EQR	Essex Property Trust, Inc.	ESS
Extra Space Storage, Inc.	EXR	Federal Realty Investment Trust	FRT
FelCor Lodging Trust Inc.	FCH	Feldman Mall Properties, Inc.	FMP
First Industrial Realty Trust	FR	First Potomac Realty Trust	FPO
First Union Real Estate Equity & Mortgage Investments	FUR	Franklin Street Properties	FSP
Friedman, Billings, Ramsey & Co., Inc.	FBR	Forest City Enterprises, Inc.	FCE.A
GE Commercial Finance Real Estate	GE	General Growth Properties, Inc.	GGP
Getty Realty Corp.	GTY	Glenborough Realty Trust Inc.	GLB
Glimcher Realty Trust	GRT	Global Signal, Inc.	GSL
GMH Communities Trust	GCT	Government Properties Trust	GPT
Gramercy Capital Corp.	GKK	Health Care Property Investors, Inc.	HCP
Health Care REIT, Inc.	HCN	Healthcare Realty Trust, Inc.	HR
Heritage Property Investment Trust, Inc.	HTG	Highland Hospitality Corporation	HIH
Highwoods Properties, Inc.	HIW	Home Properties, Inc.	HME
Hospitality Properties Trust	HPT	Host Marriott Corporation	HMT
HRPT Properties Trust	HRP	Inland Real Estate Corporation	IRC
Innkeepers USA Trust	KPA	iStar Financial Inc.	SFI
Kilroy Realty Corporation	KRC	Kimco Realty Corporation	KIM

Kite Realty Group Trust	KRG	La Quinta Corp.	LQI
LaSalle Hotel Properties	LHO	Lexington Corporate Properties Trust	LXP
Liberty Property Trust	LRY	LTC Properties, Inc.	LTC
Macerich Company, The	MAC	Mack-Cali Realty Corporation	CLI
Maguire Properties, Inc.	MPG	Medical Properties Trust	MPW
MeriStar Hospitality Corporation	MHX	MFA Mortgage Investments, Inc.	MFA
Mid-America Apartment Communities, Inc.	MAA	Mills Corporation, The	MLS
National Health Investors, Inc.	NHI	Nationwide Health Properties, Inc.	NHP
New Century Financial Corporation	NEW	New Plan	NXL
Newcastle Investment Corporation	NCT	Northstar Realty Finance Corp.	NRF
Novastar Financial, Inc.	NFI	Omega Healthcare Investors, Inc.	OHI
One Liberty Properties Inc.	OLP	Pan Pacific Retail Properties	PNP
Parkway Properties, Inc.	PKY	Paragon Real Estate Equity & Investment Trust	PRG
Pennsylvania REIT	PEI	Plum Creek Timber Company	PCL
Post Properties, Inc.	PPS	Prime Group Realty Trust	PGE
ProLogis	PLD	Public Storage, Inc.	PSA
RAIT Investment Trust	RAS	Ramco-Gershenson Properties Trust	RPT
Rayonier, Inc.	RYN	Realty Income Corporation	O
Reckson Associates Realty Corp.	RA	Redwood Trust, Inc.	RWT
Regency Centers Corporation	REG	Saul Centers, Inc.	BFS
Senior Housing Properties Trust	SNH	Shurgard Storage Centers, Inc.	SHU
Simon Property Group, Inc.	SPG	Sizeler Property Investors, Inc.	SIZ
SL Green Realty Corp.	SLG	Sovran Self Storage, Inc.	SSS
Spirit Finance Corporation	SFC	Starwood Hotels & Resorts	HOT

Strategic Hotel Capital, Inc.	SLH	Sun Communities, Inc.	SUI
Sunstone Hotel Investors, Inc.	SHO	Tanger Factory Outlet Centers, Inc.	SKT
Taubman Centers, Inc.	TCO	Thornburg Mortgage, Inc.	TMA
Town and Country Trust, The	TCT	Trizec Properties, Inc.	TRZ
Trustreet Properties, Inc.	TSY	U-Store-It Trust	YSI
United Dominion Realty Trust, Inc.	UDR	Universal Health Realty Income Trust	UHT
Urstadt Biddle Properties, Inc.	UBP	Ventas, Inc.	VTR
Vornado Realty Trust	VNO	W. P. Carey & Co., LLC	WPC
Washington Real Estate Investment Trust	WRE	Weingarten Realty Investors	WRI
Windrose Medical Properties Trust	WRS	Winston Hotels	

American Stock Exchange

American Mortgage Acceptance Company	AMC	AmeriVest Properties Inc.	AMV
AmREIT Inc.	AMY	Arizona Land Income Corporation	AZL
Berkshire Income Realty Inc.	BIR_pa	BNP Residential Properties, Inc.	BNP
Capital Alliance Income Trust	CAA	Franklin Street Properties Corp	FSP
Hanover Capital Mortgage Holdings, Inc.	HCM	Hersha Hospitality Trust	HT
HMG/Courtland Properties, Inc.	HMG	IMPAC Mortgage Holdings, Inc.	IMH
Meredith Enterprises, Inc.	MPQ	Mission West Properties	MSW
National Health Realty	NHR	Pittsburgh & West Virginia Rail Road	PW
PMC Commercial Trust	PCC	Presidential Realty Corporation (Class A)	PDL.A
PS Business Parks, Inc.	PSB	Roberts Realty Investors, Inc.	RPI
United Mobile Homes, Inc.	UMH	Wellsford Real Properties, Inc.	WRP

NASDAQ

America First Apartment Investors, Inc.	APRO	Capital Automotive REIT	CARS
Fieldstone Investment Corp.	FICC	Gladstone Commercial Corporation	GOOD
Maxus Realty Trust, Inc.	MRTI	Monmouth Real Estate Investment Corp.	MNRTA
Origen Financial, Inc.	ORGN	Supertel Hospitality, Inc.	SPPR
Thomas Properties Group, Inc.	TPGI		

10.7   REITs in Kanada

Boardwalk REIT(TSX: BEI.UN)
Calloway REIT (TSX: CWT.UN)
Canadian Apartment Properties (CAP) REIT (TSX: CAR.UN)
Canadian REIT (CREIT) (TSX: REF.UN)
Chartwell Seniors Housing REIT (TSX: CSH.UN)
Extendicare (TSX: EXE.UN)
H&R REIT (TSX: HR.UN)
InnVest REIT (TSX: INN.UN)
Lanesborough REIT (TSX: LRT.UN)
Legacy Hotels REIT (TSX: LGY.UN)
Primaris Retail REIT (TSX: PMZ.UN)
Retirement Residences REIT (TSX: RRR.UN)
RioCan REIT (TSX: REI.UN)

Literatur

Bartlsperger, Stephan u.a.: Geschlossene Immobilienfonds. 5., überarb. Aufl. Stuttgart: Schäffer-Poeschel, 2007.

Bone-Winkel, Stephan: Das strategische Management von offenen Immobilienfonds. Köln: Müller, 2000.

Braun, Hans-Peter; Oesterle, Eberhard; Haller, Peter: Facility Management. Erfolg in der Immobilien-bewirtschaftung. 4. Aufl. Heidelberg 2004.

Brauer, Kerry-U.: Grundlagen der Immobilienwirtschaft. Wiesbaden 1999.
Der große Immobilien-Kompass. In: Capital Heftnr. 08, 46. Jg., 2007, S. 22 ff.

Falk, Bernd u.a. (Hrsg.): Fachlexikon Immobilienwirtschaft. Köln 2003.

Gebert, Christoph: Der Markt der offenen Immobilienfonds: Struktur und Funktionsweise. Saarbrücken: VDM Müller, 2006.

Gondring, H.: Immobilienwirtschaft. Studienbuch für Studium und Praxis. München 2004.

Gondring, H./Lammel, E. (Hrsg.): Handbuch der Immobilienwirtschaft. Wiesbaden 2001

Gondring, H. u.a. (Hrsg.): Real Estate Investment Banking. Wiesbaden 2003

Hofmann, Tobias: Asset-Management mit Immobilienaktien. Sternenfels: Verlag Wissenschaft und Praxis, 2006.

Klug, Walter: Offene Immobilienfonds: Zeit für stabile Werte. Frankfurt am Main: Fritz Knapp Verlag, 2004.

Loos, Christoph: Strategien institutioneller Immobilieninvestoren: Ein kompetenzbasierter Strategiean-satz am Beispiel offener Immobilienfonds. Frankfurt am Main: Lang.

Nävy, Jens; Löwen, Wolfgang: Facility Management. Grundlagen, Computerunterstützung, Systemein-führung, Anwendungsbeispiele. 3. Aufl. Heidelberg: Springer Verlag, 2000.

Nowak, Michael: Offene Immobilienfonds, Immobilienaktien und REITs für die private Vermögensbil-dung und Altersvorsorge. Norderstedt: Books on Demand GmbH, 2005.

Schiffmacher, Christian: Reits – simplified. München: FinanzBuch Verlag, 2006.

Schneider, Hermann: Facility Management / planen - einführen - nutzen, 2. Aufl. Stuttgart: Schäffer-Poeschel, 2004.

Schulte, Karl-Werner und Bone-Winkel, Stephan (Hrsg.): Handbuch Immobilien-Projektentwicklung. 2. Aufl. Köln 2002.

Winkler, André: Schweizer Immobilienaktien. Bern: Haupt, 2003.

Glossar

Adjusted Funds from Operations (AFFO)
Diese Kennzahl analysiert das operative Geschäft einer Immobiliengesellschaft und den Cashflow des Unternehmens. Grundlage für die Ermittlung des AFFO ist die Kennzahl Funds from Operations (FFO). Von diesem Wert werden regelmäßige Ausgaben subtrahiert, die vom REIT in der Bilanz aktiviert und abgeschrieben werden können; diese Ausgaben dienen der Werterhaltung der Immobilie und der Ertragssicherung (wie beispielsweise Schönheitsreparaturen). Der zweite Posten, der vom FFO abgezogen wird, sind die durchschnittlich zu zahlenden Mieten. Eine solche Verfahrensweise nennt man „straight lining of rents". Die daraus resultierende Kennzahl wird gelegentlich auch „Cash Available for Distribution" (CAD) oder „Funds Available for Distribution" (FAD) genannt.

Asset Backed Securities
Asset Backed Securities sind festverzinsliche Wertpapiere, die durch Vermögensgegenstände besichert sind; man unterscheidet zwischen einer Besicherung durch Hypotheken auf Gewerbeimmobilien (Commercial Mortgage Backed Securities, CMBS) oder auf Wohnimmobilien (Residential Mortgage Backed Securities, RMBS).

Beleihungswert
Ein vom Kreditgeber ermittelter Wert (z.B. eines Grundstücks oder eines Gebäudes), der die Höhe der möglichen Beleihung festlegt. Der Beleihungswert stellt einen vorsichtig geschätzten Wert dar, der sich bei einem kurzfristigen Verkauf auch bei ungünstiger Marktlage mit höchster Wahrscheinlichkeit erzielen lässt. Der Beleihungswert, der maßgeblich für die Höhe des gewährten Kredits ist, liegt stets niedriger als der tatsächliche Marktwert einer Immobilie.

Betriebsvermögen
Zum Betriebsvermögen zählen die Wirtschaftsgüter, die im Eigentum eines Unternehmens sind und nach ihrer Funktion und Art in einem betrieblichen Zusammenhang stehen.

Buchwert
Im Handels- und im Steuerrecht ist der Buchwert ein Wertansatz, bei dem die Anschaffungskosten eines einzelnen Wirtschaftsguts zugrunde gelegt werden. Davon abgezogen werden die handelsrechtlichen Abschreibungen oder die steuerrechtlichen Absetzungen für Abnutzung (AfA).

Capitalization Rate
Die Capitalization Rate (Cap Rate) berechnet sich aus dem Quotienten der Nettoeinnahmen aus dem operativen Geschäft der Immobilie und dem Kaufpreis. Eine hohe Capitalization Rate deutet auf eine höhere Rendite und zugleich ein höheres Risiko hin.

Cash Available for Distribution (CAD)
Unter Cash Available for Distribution (CAD) oder Funds Available for Distribution (FAD) versteht man die Fähigkeit eines REITs, Ausschüttungen vorzunehmen und Liquidität bereitzuhalten. Das CAD wird berechnet, indem zusätzlich zur Ausgangsgröße AFFO nicht periodische Aufwendungen abgezogen werden.

Cashflow

Der Cashflow ist eine Kennzahl, die der Beurteilung des Innenfinanzierungspotenzials eines Unternehmens dient. Der Saldo entsteht aus der Differenz aller Erträge und Aufwendungen, die erfolgs- und zahlungswirksam geworden sind, d.h. die in derselben Periode zu Einzahlungen oder Auszahlungen führen.

Im Bereich der Immobilienwirtschaft ergibt sich der Cashflow aus den gesamten Einnahmen aus Vermietung und Verpachtung abzüglich aller Ausgaben für den laufenden Betrieb der Immobilie. Die Kreditzinsen und die Tilgung sowie die Abschreibungen werden nicht mit einbezogen.

CMBS

Festverzinsliche Wertpapiere, die durch Hypotheken auf Gewerbeimmobilien besichert sind (Commercial Mortgage Backed Securities).

Cost of Capital

Mit Cost of Capital bezeichnet man jene Kosten, die bei der Beschaffung von Eigen- oder Fremdkapital entstehen. Die Eigenkapitalkosten werden dabei von der Dividendenrendite, der erwarteten Wertsteigerung des Eigenkapitals durch den zukünftigen Dividendenstrom und von der Steigerung der Aktienkurse abgeleitet. Die Fremdkapitalkosten umfassen unter anderem den Zinsaufwand.

Derivate

Derivate sind Wertpapiere, deren Wert sich von Basisinstrumenten (Aktien, Anleihen, Rohstoffe, Indizes, Baskets) ableitet. Beispiele für Derivate sind Zertifikate, Optionsscheine, Optionen und Futures (Terminkontrakte).

Dividende

Die Dividende ist der Teil des Gewinns, den eine Aktiengesellschaft auf Beschluss der Hauptversammlung jährlich an die Aktionäre ausschüttet.

Dividendenmodell

Bei REITs wird die Besteuerung ausländischer Aktionäre dadurch gesichert, dass der direkte Anteil eines Aktionärs auf unter 10 Prozent beschränkt wird. Die Doppelbesteuerungsabkommen sehen in einem solchen Fall vor, dass die Quellensteuer auf diese Ausschüttungen nicht ermäßigt wird.

Dividendenrendite

Die Dividendenausschüttungen einer Aktie geteilt durch den aktuellen Aktienkurs.

Doppelbesteuerungsabkommen (DBA)

Bilaterale Abkommen (völkerrechtlicher Vertrag) zwischen zwei Staaten mit dem Ziel, die doppelte Besteuerung von Erträgen bei grenzüberschreitenden Investitionen zu vermeiden. Das Besteuerungsrecht für bestimmte Einkommensarten wird zwischen den beiden Staaten geteilt. Etliche DBAs sehen vor, dass ausländische Anleger die Ausschüttungen nicht in Deutschland versteuern müssen, wenn der Anteil eine bestimmte Höhe erreicht (so genanntes Schachtelprivileg).

Für deutsche Anleger gilt das Wohnsitzland- und Welteinkommensprinzip. Demzufolge ist eine Person in dem Staat steuerpflichtig, in dem sie ihren Wohnsitz oder ihren gewöhnlichen Aufenthalt hat. Auf ausländische Anleger werden das Quellenland- und das Territorialitätsprinzip angewandt. Das Quellenlandprinzip bedeutet, dass die Person in dem Staat steuerpflichtig ist, aus dem das Einkommen stammt. Das Territorialitätsprinzip erklärt Einkommen in jenem Land für steuerpflichtig, auf dessen Territorium sie erwirtschaftet wurden.

DownREIT

Ein DownREIT ähnelt einem UpREIT. Er betreibt und verwaltet eigene Immobilien und hat zusätzlich eine beherrschende Beteiligung an einer Personengesellschaft, die ebenfalls im Immobilienmanagement tätig ist.

Earnings per share (Gewinn je Aktie, EPS)
Der Gewinn je Aktie bezieht sich auf den Gewinn, der auf die einzelne Aktie entfällt.

EBITDA
Ertrag vor Zinsen, Steuern und Abschreibungen (Earnings before interest, taxes, depreciation and amortization).

Eigenkapitalrendite (Return on Equity, RoE)
Zur Berechnung der Eigenkapitalrendite wird das Ergebnis des Unternehmens durch das vorhandene Kapital dividiert.

EPRA
European Public Real Estate Association (Europäischer Immobilienverband).

Equitization
Unter Equitization versteht man das Verfahren, durch welches die Vorteile eines Wirtschaftsguts allgemein zugänglich gemacht werden, indem Anteile als Wertpapiere an der Börse platziert werden.

Equity Market Cap
Der gesamte Marktwert aller ausgegebenen Aktien eines Unternehmens, die Börsen- oder Marktkapitalisierung.

Equity REIT
Ein REIT, der als Eigentümer vorwiegend Immobilien vermietet oder Anteile an Immobilien hält. Equity REITs befassen sich nicht mit hypothekengesicherten Darlehen. Die Kursschwankungen von Equity-REITs sind geringer ausgeprägt, und sie eignen sich daher eher für konservative Anleger. 90 Prozent aller in den USA börsennotierten REITs sind Equity REITs.

Funds from Operations (FFO)
Wichtige Kennzahl zur Analyse von REITs. Die Kennzahl Funds from Operations wird berechnet, indem vom Nettoeinkommen des REITs (EBITDA) die Gewinne oder Verluste bei der Veräußerung von Immobilien abgezogen und die Abschreibungen addiert werden.

Gewerbesteuer
Die Gewerbesteuer ist eine kommunale Steuer, die alle Gewerbetreibende zahlen müssen, die ein Gewerbe in Deutschland betreiben. Die Gewerbesteuer wird auf der Basis des Gewerbeertrags ermittelt. Der jeweilige Hebesatz, der für die Höhe der Gewerbesteuer maßgeblich ist, wird von der Kommune festgelegt.

Grunderwerbssteuer
Steuer, die auf den Kauf von inländischen Grundstücken, Wohnungseigentum, Erbbaurechten und Gebäuden erhoben wird.

Halbeinkünfteverfahren
Das Halbeinkünfteverfahren wurde 2001 eingeführt und dient der steuerlichen Entlastung von Einnahmen aus Beteiligungen an Kapitalgesellschaften. Seit 2002 gilt es auch für inländische Beteiligungen an Kapitalgesellschaften. Das Halbeinkünfteverfahren gleicht die Benachteiligungen für Aktionäre aus, die seit 2002 durch nicht mehr anrechenbare Körperschaftsteuer entstanden sind. Das Halbeinkünfteverfahren wird nicht auf die Ausschüttungen von REITs angewandt.

Hybrid REIT
Der Hybrid REIT ist eine Mischform aus Equity-REIT (Besitz und Betreiben von Gewerbeimmobilien) und Mortgage-REIT (REIT, der Hypothekenkredite oder andere durch Immobilien abgesicherte Anleihen erwirbt und verwaltet).

Immobilienfonds

Ein Investmentfonds, dessen Fondsvermögen sich aus Immobilien zusammensetzt. Man differenziert zwischen offenen und geschlossenen Immobilienfonds sowie Spezialfonds. Bei offenen Immobilienfonds ist die Zahl der Anteilseigner unbegrenzt; der Fonds investiert in Gewerbeimmobilien, Gebäude und in die Projektentwicklung. Eine größere Cashposition dient dazu, dass die Anleger jederzeit Anteile zurückgeben können.

Bei geschlossenen Immobilienfonds werden Anteile gezeichnet; die Zahl der Anleger ist dadurch begrenzt. Geschlossene Immobilienfonds werden häufig aus Gründen der Steuerersparnis aufgelegt.

Spezialfonds sind Fonds, die für große institutionelle Investoren entwickelt werden.

Implied Market Equity Cap

Die Marktkapitalisierung einer Aktiengesellschaft und der Gesamtwert aller UpREIT-Personengesellschaftsanteile (Units), die so behandelt werden, als ob sie REIT-Aktien wären. Nicht berücksichtigt werden Wandelschuldverschreibungen (Convertible Bonds) und Vorzugsaktien.

Körperschaftsteuer

Der Körperschaftsteuer unterliegt das Einkommen von Körperschaften, Personenvereinigungen und Vermögensmassen, die ihre Geschäftsleitung oder ihren Sitz im Inland haben. Körperschaftsteuerpflichtig sind juristische Personen wie Kapitalgesellschaften (Aktiengesellschaft, GmbH), aber auch Versicherungsvereine oder ein Betrieb gewerblicher Art einer Körperschaft des öffentlichen Rechts.

Bei der Berechnung der Körperschaftssteuer wird das zu versteuernde Einkommen der Kapitalgesellschaft zugrunde gelegt.

Kurs-Gewinn-Verhältnis (KGV)

Das Verhältnis des Aktienkurses zum Gewinn pro Aktie. Das KGV ist eine gängige Kennzahl in der Aktienanalyse. Ein KGV, das unterhalb des Branchendurchschnitts liegt, deutet auf eine günstige Bewertung der Aktie hin.

Leverage

Die Relation von Fremdkapital zum Eigen- oder Gesamtkapital. Durch zusätzliche Fremdkapitalaufnahme entsteht ein Hebeleffekt.

Mortgage Backed Securities (MBS)

Mortgage Backed Securities (MBS) sind festverzinsliche Wertpapiere, die durch Hypothekenkredite für Gewerbeimmobilien („Commercial Mortgage Backed Securites", CMBS) oder durch Wohnimmobilien („Residential Mortgage Backed Securities", RMBS) abgesichert sind.

Mortgage REIT

REIT, der Hypothekenkredite oder andere durch Immobilien abgesicherte Anleihen erwirbt und verwaltet.

NAREIT

National Association of Real Investment Trusts, Verband der Real Estate Investment Trusts in den USA.

Net Asset Value (NAV)

Gesamtwert aller Anlagen eines REITS abzüglich sämtlicher Verbindlichkeiten. Wenn ein REIT unter dem Net Asset Value (NAV) notiert, ist er unterbewertet und damit günstig.

Pfandbriefe

Spezielle Anleihe, die bereits im 18. Jahrhundert in Preußen entwickelt wurde. Die Schuldverschreibungen sind durch zusätzliche Kreditsicherheiten gedeckt. Bei Hypothekenpfandbriefen wird als Sicherheit eine Hypothek zugrunde gelegt; bei öffentlichen Pfandbriefen sind es Sicherheiten aus staatlichen Krediten. Da Pfandbriefe in der Regel nur ein geringes Börsenvolumen erreichen, wurden Pfandbriefe zu „Jumbos" gebündelt, um eine höhere Marktliquidität zu erreichen.

Positive Spread Investing (PSI)
Von Positive Spread Investing spricht man, wenn die Kosten für Eigen- und Fremdkapitalbeschaffung unter den zu erzielenden Renditen liegen.

Quellensteuer
Eine Steuer auf Kapitalerträge, die sofort an der Quelle eingezogen wird. Die Höhe ist unabhängig vom persönlichen Steuersatz des Empfängers. Quellensteuern gibt es in vielen Ländern.

Real Estate Investment Trust (REIT)
REITs sind Immobiliengesellschaften, die einen rechtlichen Sonderstatus haben und nicht auf der Unternehmensebene besteuert werden. Die Besteuerung der ausgeschütteten Dividenden erfolgt auf der Anlegerebene. REITs sind in vielen Ländern börsennotiert und schütten mindestens 90 Prozent der Gewinne aus. REITs betreiben und verwalten Immobilien.

RMBS
RMBS steht für Residential Mortgage Backed Securities. Das sind festverzinsliche Anleihen, die durch Wohnimmobilien abgesichert sind.

Spread
Als Spread bezeichnet man die Differenz zwischen dem Kaufkurs (Geldkurs) und dem Verkaufskurs (Briefkurs) eines Wertpapiers. Die Emittenten von Zertifikaten finanzieren über diese Kursspanne die Kosten der Emission. Bei Aktien deutet ein geringer Spread auf ein hohes Handelsvolumen und niedrige Transaktionskosten hin.

Steuertransparenz
Gewinne von REITs sind auf der Ebene der Gesellschaft steuerfrei. In den meisten Ländern müssen mindestens 90 Prozent der Gewinne an die Aktionäre ausgeschüttet werden. Diese Ausschüttungen werden dann nach dem individuellen Steuersatz des Anlegers besteuert.

Stille Reserve
Als stille Reserve wird im Rechnungswesen eines Unternehmens die aus der Bilanz nicht erkennbare Differenz zwischen dem Buchwert und einem über dem Buchwert liegenden Marktwert bezeichnet. Bei Immobilien entstehen aufgrund des hohen Verkehrswertes von Liegenschaften regelmäßig hohe stille Reserven.

Die Unterbewertung der Aktiva resultiert aus der Anwendung des Niederstwertprinzips bei der Bewertung der Aktiva, was dem Gläubigerschutz dient, und durch eine Überbewertung der Passiva.

Straight Lining
Beim Straight Lining werden die durchschnittlichen Mietzahlungen gleichmäßig auf die Dauer des Mietverhältnisses verteilt. Durch diese gleichförmige Bewertung werden die Grundsätze ordnungsmäßiger Buchführung erfüllt.

Total Market Cap
Der gesamte Marktwert der von einer Aktiengesellschaft ausgegebenen Stammaktien und der fremdfinanzierten Investments.

Total Return
Der Gesamtertrag aus Kapitalvermögen und die Kapitalwerterhöhung je Aktie vor Steuern und Provisionen. Bei Investmentfonds versteht man unter dem Total-Return-Konzept eine Performance, die unabhängig von der Marktlage und einem Benchmark (Vergleichsindex) eine vorher definierte Mindesthöhe erreicht.

UpREIT

UpREITs sind eine in den USA aus Steuergründen übliche Form des REITs. Ein UpREIT beruht auf einer so genannten Operating Partnership. Eine Personengesellschaft, die als Betriebsgesellschaft fungiert, ist aus einer bereits bestehenden Personengesellschaft und einem neu gegründeten REIT hervorgegangen. Der REIT hat in der Operating Partnership die Rolle des Komplementärs und eines Mehrheitsgesellschafters. Nach einem Jahr können die Anteilseigner steuerbegünstigt denselben Status erlangen wie ein REIT-Aktionär, indem sie ihre Anteile gegen Barliquidität oder REIT-Anteile tauschen.

US-GAAP

US-amerikanischer Rechnungslegungsstandard - Generally Accepted Accounting Principles.

Verbriefung (Securitisation)

Um beispielsweise Wertpapiere auf private Hypotheken herausgeben zu können, werden die Forderungen oder andere Schuldtitel, die voneinander unabhängig sind, zu einem Portfolio gebündelt, um das Risiko zu minimieren. Solche Portfolios werden je nach Risikostruktur in einzelne Tranchen aufgeteilt.

Volatilität

Schwankungsbandbreite eines Wertpapiers

Sachverzeichnis

www.ingramcontent.com/pod-product-compliance
Lightning Source LLC
Chambersburg PA
CBHW081557190326
41458CB00015B/5638